Literatur *und* Medien

Literatur *und* Medien

Herausgegeben von
Volker Wehdeking
Gunter E. Grimm
Rolf Parr

Band 9

Podcasts als Raum politisch-medialer Kommunikation

von

Katharina Lührmann

Tectum Verlag

Katharina Lührmann

Podcasts als Raum politisch-medialer Kommunikation
Literatur und Medien; Band 9

ISBN: 978-3-8288-4324-0
E-Book: 978-3-8288-7271-4
ISSN: 1867-7479

Umschlagabbildung: © # 182574547 von fotomek | stock.adobe.com

Printed in Germany

Besuchen Sie uns im Internet
www.tectum-verlag.de

Bibliografische Informationen der Deutschen Nationalbibliothek
Die Deutsche Nationalbibliothek verzeichnet diese Publikation in der Deutschen Nationalbibliografie; detaillierte bibliografische Angaben sind im Internet über http://dnb.ddb.de abrufbar.

Inhalt

Vorwort

Mit dem medialen Format der Politik-Podcasts nimmt die vorliegende Studie einen zumindest in Deutschland noch relativ jungen Gegenstand an der Schnittstelle von ›sozialem Medium‹ und ›politischer Kommunikation‹ und damit auch an derjenigen von Medien- und Politikwissenschaft in den Blick: Aufgezeigt wird, wie politische Inhalte im Medium Podcast präsentiert und verhandelt werden und wie dadurch politische Öffentlichkeit hergestellt wird. Argumentiert wird dabei auf Basis öffentlichkeitstheoretischer Vorüberlegungen, die Politik-Podcasts als Raum politisch-medialer Kommunikation mit besonders niedrigen Einstiegshürden verstehen. Dieser Befund ist bereits das Ergebnis eines ersten, genetisch-historischen Zugriffs, der diejenigen Entwicklungen genau nachvollzieht, die zum heutigen Stand des Mediums Podcast und seiner Erforschung geführt haben. Dabei geht die Studie über die übliche akkumulierende Darstellung von Ansätzen, Fragestellungen und Ergebnissen weit hinaus, indem sie zunächst den strukturellen Wandel des Podcastings von den Anfängen bis heute nachvollzieht. Auf dieser Basis gelingt es dann, einen sehr instruktiven, nach Akteuren differenzierten und zudem systematisch angelegten Überblick zum Angebot an Politik-Podcasts in Deutschland zu entwickeln; gelegentliche Blicke auf Podcasts in den USA kontextualisieren die dabei gewonnenen Befunde vergleichend. Mit den konkreten empirischen Analysen zum Podcast »Lage der Nation – der Politik-Podcast aus Berlin« gewinnt die Studie dann noch einmal eine weitere Ebene der theoretisch angelegten Reflexion, nämlich diejenige zum medialen Status von Podcasts als eines komplexen, interaktiven und multimodalen Netzmediums.

Rolf Parr

1. Eine neue Form des politischen Gesprächs

Buermeyer: Es soll ein neuer Polit-Podcast werden, denn es gibt im Fernsehen merkwürdige Talk-Sendungen, die man dann auf Twitter immer ganz gut verfolgen kann, aber wir haben so den Eindruck, im Fernsehen geht's alles ein bisschen zu schnell. Zwanzig Sekunden sind schon lange im Fernsehen und wir wollen –

Banse: Überlänge! Zwanzig Sekunden ist schon Überlänge, fünfzehn ist eigentlich angemessen.

Buermeyer: Ja, ich würde auch sagen. Und wenn man es in zehn Sekunden sagen kann, dann reicht es eigentlich auch. Und wir denken eigentlich, dass es viele Themen gibt, über die man länger als zehn oder zwanzig Sekunden nachdenken kann. Und wir sind beide ja keine Polit-Profis. Wir beobachten den Politikbetrieb.[1]

Dieser Gesprächsausschnitt entstammt der ersten Folge des im März 2016 gegründeten Podcasts *Lage der Nation der Politik-Podcast aus Berlin* von Philip Banse und Ulf Buermeyer. Die in dieser Passage leicht spöttelnd vorgebrachte Kritik an den etablierten Medien bzw. am Fernsehen gab für sie u.a. Anlass, der in ihren Augen zu kurzatmigen und oberflächlichen Berichterstattung eine andere Form des politischen Gesprächs entgegen zu halten, das demgegenüber auf Länge und Tiefgang setzt. In den durchschnittlich anderthalbstündigen Folgen lassen der freie Journalist und langjährige Podcaster Philip Banse und der Jurist Ulf Buermeyer einmal wöchentlich die politischen Geschehnisse der vergangenen Woche Revue passieren. Sie diskutieren die aktuellen und für sie relevanten Themen, tragen dabei die zentralen Fakten zusammen und kommentieren und analysieren sie abschließend.

Die *Lage der Nation* ist nur ein Beispiel aus einer Reihe von Politik-Podcasts, die vermehrt seit 2016 und vor allem im Kontext des ‚Superwahljahres' 2017 an den Start gegangen sind. Deutschlandfunk-Autor Michael Meyer prognostizierte dem Medium im Frühjahr 2017 dabei eine potenziell bedeutungsschwere Zukunft: „Fachleute halten Podcasts für das boomende Genre im Medienmarkt. Im Superwahljahr 2017 könnten Politik-Podcasts zur wichtigen Quelle für die Entscheidungsfindung der Wähler werden."[2] Demgegenüber stellt Meike Laaff in der Deutschlandfunk Kultur-Sendung *Breitband* wenige Monate später verwundert fest, dass das politische Podcast-Angebot trotz Podcast-Hype, Wahljahr und politisch turbulenter Zeiten – insbesondere mit vergleichendem Blick in die USA – in ihren Augen hierzulande vielmehr überschaubar ist.[3] Unabhängig von einer

1 LdN001, Kapitel 2 ‚Warum machen wir das?' [01:24-02:02].

2 Meyer 2017.

3 Vgl. Laaff 2017.

Einschätzung über die tatsächliche (quantitative wie qualitative) Bedeutung von Podcasting zeugen diese beiden Medienberichte allein schon von einer gestiegenen Sichtbarkeit und Popularität des Mediums in der breitenwirksamen medialen Öffentlichkeit. Podcasts sind für eine Vielzahl von Personen (ProduzentInnen wie RezipientInnen) zu einem Medium der politischen Kommunikation avanciert.

Abseits des Medienhypes und dieser empirischen Beobachtung stellt das Medium Podcast bzw. das Genre der Politik-Podcasts auch deswegen einen interessanten und lohnenswerten Forschungsgegenstand dar, weil hiermit Fragen nach der adäquaten Art und Weise der Präsentation und Verhandlung politischer Inhalte und der Herstellung politischer Öffentlichkeit berührt werden. Wie die eingangs zitierte Gesprächssequenz illustriert, verknüpft sich mit dem Medium der Anspruch, eine im Vergleich zu den etablierten Medien besondere, bessere oder in jedem Fall andere Form der politischen Kommunikation anbieten zu können. Neben der Möglichkeit und dem bewusst gesteckten Ziel eines ausführlichen, sich zeitnehmenden Gesprächs über politische Inhalte lassen sich eine ganze Reihe weiterer Aspekte und Merkmale anführen, die das Medium als potenziell neue Form der politischen Kommunikation auszeichnen. Im Kern ermöglicht Podcasting zum einen, dass auf der Grundlage günstiger Produktionsbedingungen und niedriger Einstiegshürden neue AkteurInnen mit ihren je eigenen Themen auf die Bühne der politischen Öffentlichkeit treten können. Jede Privatperson mit einem Internetzugang kann sich zumindest potenziell gegenüber einem großen Publikum unabhängig von den traditionellen Gatekeepern Gehör verschaffen. Zum anderen können RezipientInnen auf eine große Vielfalt an frei verfügbaren Inhalten zugreifen, diese zu einem individuellen Programm zusammenstellen und sie zeit- und ortssouverän rezipieren. Dabei ist außerdem in einer netzbasierten Umgebung die Möglichkeit zur Interaktion und zum einfachen Rollentausch zwischen ProduzentInnen und RezipientInnen grundlegend gegeben, was nach der Erfüllung Brecht'scher Träume anmutet.

Das Phänomen Podcasting ist in dieser Hinsicht nicht isoliert zu betrachten, sondern steht im Kontext einer Entwicklung des Internets hin zum „neuen Netz"[4], d.h. im Kontext einer Vielzahl neuer Anwendungsformen, die sich Anfang der 2000er Jahre herausgebildet haben und unter den Schlagworten Web 2.0, Social Web, Social Software usw. gefasst wurden. Damit wiederum verortet sich Podcasting gleichfalls im übergeordneten theoretischen Diskurs über einen durch das Internet bedingten Strukturwandel der Öffentlichkeit. Diese erweiterte Perspektive ist insofern sinnvoll, als dass sich zentrale Argumente und Positionen hinsichtlich der Potenziale, Risiken und Implikationen von Podcasting – als Anwendungsform des Internets – zum großen Teil auf diese grundlegende Kontroverse zurückführen lassen.

4 Vgl. Schmidt, J. 2009.

Das Internet wurde von jeher in Hinblick auf dessen Rolle bei der Herstellung neuer Formen der Öffentlichkeit und der politischen Kommunikation diskutiert. Dabei haben sich vor allem zwei oppositionelle Lager herausgebildet, die das Internet einerseits mit utopisch-euphorischen Versprechungen und andererseits mit dystopisch-skeptischen Szenarien in Verbindung gebracht haben. Auf Seiten der euphorischen VerfechterInnen stellt sich das Internet im Wesentlichen als Motor von Demokratisierungsprozessen dar. Mit der Egalisierung der Zugangsvoraussetzungen und erweiterten Möglichkeiten der Informationsbeschaffung, Artikulation und Teilhabe am medialen Diskurs verbinden sich Hoffnungen einer Erweiterung der Themenagenda klassischer Öffentlichkeiten, der Schaffung von Alternativ- und Gegenöffentlichkeiten bislang marginalisierter Gruppen und der Emanzipation von der Deutungshoheit der etablierten Massenmedien. Zudem sahen viele durch die dem Internet zugrunde liegenden dezentralen und interaktions- und partizipationsförderlichen Strukturen den Weg zu einer deliberativen Demokratie im Sinne der Habermas'schen Theorie gebahnt. Im Gegensatz dazu haben für VertreterInnen des skeptischen Lagers die Pluralisierung und das Hinzukommen einer Vielzahl neuer AkteurInnen vor allem die Fragmentierung der Öffentlichkeit in viele voneinander isolierter Teilöffentlichkeiten zur Folge. Das Internet wird hier primär mit einem Zerfall der Öffentlichkeit in Verbindung gebracht, womit gleichermaßen die integrative Kraft und Bedeutung der etablierten Massenmedien betont wird. Im gegenwärtigen Diskurs hat sich eine ausgewogenere und realistischere Debatte um die Potenziale und Folgen des Internets weitestgehend durchsetzen können, wobei die Tendenz mit Blick auf die Diskussionen rund um die Schlagworte Hate Speech, Fake News, Lügenpresse, Filterblasen usw. vermehrt in Richtung des pessimistischen Lagers weist. Fernab dieser sehr allgemeinen und breiten öffentlichkeits- und demokratietheoretischen Diskussionen werden die neuen Anwendungsformen des Internets, darunter auch Podcasting, ausgehend von den unterschiedlichen Ebenen von Öffentlichkeit diskutiert und verortet, wonach sich Podcasts als ‚Versammlungs- bzw. Veranstaltungsöffentlichkeit' charakterisieren lassen.[5]

Ziel der vorliegenden Studie ist es, Podcasts vor dem Hintergrund solcher öffentlichkeitstheoretischen Erwägungen als Raum politisch-medialer Kommunikation zu analysieren. Das heißt, sie werden hier grundlegend im Kontext einer internetbasierten Medienumgebung verortet und diskutiert. Dahingehend wird die These vertreten, dass Podcast als Netzmedium und nicht allein als auditives Angebot zu konzeptualisieren ist. Dabei wird der Fokus auf dem politischen Podcast-Angebot liegen, aus dem die *Lage der Nation* zur exemplarischen Analyse herausgegriffen wird.

5 Vgl. Bieber 2006 sowie Schmidt, J. 2009.

Die Arbeit gliedert sich dabei wie folgt: In Kapitel zwei wird zunächst ein Überblick über den Forschungsstand zum Gegenstand Podcasting gegeben, womit gleichfalls ein erster Eindruck in die Vielschichtigkeit des Mediums vermittelt wird. Der historische Zugriff auf das Thema erfolgt anschließend im Kapitel drei. Hierbei werden zum einen die entscheidenden Ereignisse herausgearbeitet, die sich je nach Perspektive als Geburtsstunde des Mediums ausmachen lassen (3.1). Zum anderen sollen die technischen wie sozialen Voraussetzungen dargelegt werden, die das Entstehen und die Entwicklung maßgeblich bedingt oder begünstigt haben (3.2). Und schließlich wird ein grundlegend struktureller Wandel von Podcasting von seinen Ursprüngen hin zur gegenwärtigen Situation nachvollzogen und erörtert (3.3). Kapitel vier soll einen systematischen Überblick über das Angebot an Politik-Podcasts in Deutschland geben, wobei das Angebot primär anhand akteursspezifischer Kriterien differenziert wird. Der Schwerpunkt wird auf den Kapiteln fünf und sechs liegen. Ersteres liefert eine grundlegende Analyse des Mediums Podcast im Allgemeinen und des konkreten Medienangebots *Lage der Nation* im Besonderen. Das integrative Medienkonzept von Siegfried J. Schmidt wird hierbei als strukturgebender Rahmen dienen, d.h. „Medium“ wird als Kompaktbegriff verstanden, der sich hinsichtlich verschiedener Komponenten differenzieren lässt. Podcasting wird dementsprechend mit Blick auf die medientechnologischen Bedingungen (5.1), die sozialsystemische Institutionalisierung (5.2) und das zugrunde liegende Kommunikationsinstrument (5.3) untersucht. Die Ergebnisse werden in 5.4 abschließend zusammengeführt. In Kapitel sechs soll am Beispiel der *Lagebilder* die These nachvollzogen werden, dass Podcast nicht allein als ein auditives Angebot, sondern vielmehr als ein Netzmedium zu verstehen ist. Im letzten Kapitel wird der Bogen zurück zu den hier angerissenen öffentlichkeitstheoretischen Erwägungen geschlagen, die vor dem Hintergrund der herausgearbeiteten Ergebnisse aufgegriffen und abschließend diskutiert werden.

2. Forschungsstand

Podcasting ist ein in der Forschungslandschaft vergleichsweise wenig beachtetes Phänomen. Dennoch ergibt die Gesamtheit der vorhandenen podcastbezogenen Publikationen einen recht umfänglichen Korpus an Texten, da das Medium in ganz unterschiedlichen Bereichen Anwendung findet und als Forschungsgegenstand damit entsprechend diverse theoretische Zugänge und Perspektiven eröffnet. Ziel und Anspruch des folgenden Abschnitts ist es, einen systematischen Überblick über den Forschungsstand zu geben, mit dem sich gleichfalls ein erster Eindruck über die Vielschichtigkeit des Mediums vermittelt. Die vorhandenen Publikationen lassen sich in einem groben Schema in fünf Kategorien unterteilen, wobei diese nicht trennscharf voneinander abzugrenzen sind. In die erste Kategorie fallen empirische Untersuchungen, die sich in Studien zu den ProduzentInnen von Podcasts (Kommunikatorforschung) einerseits und Studien zu den HörerInnen und Rezeptionsweisen (Publikums- bzw. Medienwirkungsforschung) andererseits unterteilen lassen. Es gibt zweitens eine Reihe von Arbeiten, die Podcasts innerhalb des Referenzrahmens ‚Radio' untersuchen und diskutieren, wobei diese zum großen Teil gleichfalls auch medienhistorische Studien sind. Die dritte Kategorie subsumiert Veröffentlichungen, die sich mit dem Medium innerhalb eines bestimmten Anwendungsfeldes befassen oder mit einem konkreten Podcast bzw. einem Podcast-Genre. Das für die vorliegende Analyse interessante Anwendungsfeld der Politik wird als vierte Kategorie gesondert behandelt. Die fünfte und letzte Kategorie umfasst praxisbezogene bzw. ratgeberorientiere Veröffentlichungen, die im folgenden Abschnitt jedoch nicht weiter thematisiert werden, insofern sie per se keine Forschungsarbeiten darstellen, die angesichts ihrer großen Anzahl aber nicht völlig ungenannt bleiben sollen.[6]

Empirische Studien zu den ProduzentInnen sowie RezipientInnen und deren Nutzungsverhalten sind verhältnismäßig rar gesät. Hinzu kommt, dass angesichts rasanter Entwicklungen und Veränderungen in der Podcastlandschaft ein Großteil der vorhandenen Untersuchungen kaum mehr Aufschluss über die aktuelle Lage vermitteln können. Von Seiten der Publikumsforschung wurden in diversen Studien insbesondere Daten zu den demographischen Charakteristika und dem Nutzungsverhalten der HörerInnen erhoben. Die Ergebnisse zeigen ein relativ einheitliches Bild: Die Hörerschaft von Podcasts gehört einem tendenziell jüngeren (um die 30 Jahre) und medien- und technikaffinen Personenkreis an, sie verfügt mehrheitlich über einen Hochschulabschluss, ein gutes Einkommen und ist überwiegend männlich. Interessanterweise hält sich dieses Bild von den Anfängen

6 Vgl. an deutschsprachiger Literatur exemplarisch Rubens (2006), Sauer (2007), Hagedorn (2016) und Rokk (2016). Über solche (Print-)Veröffentlichungen hinaus bietet das Internet natürlich eine unüberschaubar große Fülle an Seiten, Blogeinträgen, Tutorials oder Podcast(folgen), die Hilfestellung für den Einstieg ins Podcasting geben.

des Podcastings bis heute. So kommt eine im Jahr 2005 durchgeführte Umfrage des Marketing- und Kommunikationsberaters Alexander Wunschel, die er als „die erste Erhebung zu soziodemographischen Merkmalen und Nutzungsverhalten von Podcast-Hörern deutschsprachiger Podcasts“[7] kennzeichnet, u.a. zu dem folgenden Ergebnis:

> Die Hörer deutschsprachiger Podcasts sind zu 88,6% männlich und im Durchschnitt 29,5 Jahre alt. Sie kommen zu 96% aus deutschsprachigen Gebieten (D, A, Ch) und haben zu 56 % einen Hochschulabschluss (Beziehungsweise Berufsakademie). Die Mehrheit ist berufstätig (64 %) oder in der Ausbildung (33 %), verfügt über ein monatliches Nettoeinkommen von 2153 Euro und ist vorwiegend in folgenden Branchen beschäftigt: IT, Telekommunikation, EDV/Medien, Verlage/Marketing, Kommunikation, Werbung sowie Wissenschaft und Forschung.[8]

Diese Ergebnisse bilden sich zum Teil auch in der jüngsten Studie *Spot on Podcast – Hörer und Nutzung in Deutschland 2017/18*[9] der ARD-Werbung SALES & SERVICES GmbH (AS&S) ab, die die Entwicklung von Podcasts und Audio-on-Demand-Angeboten schon relativ früh durch diverse Studien und Artikel in der hauseigenen Fachzeitschrift *Media Perspektiven* mitverfolgt hat.[10] Die HörerInnen von Podcasts werden hier als „tendenziell jünger als die Gesamtbevölkerung“ beschrieben, die „zudem durchschnittlich besser gebildet, kaufkräftiger und technikaffiner als Nicht-Hörer“ sind, und von denen 46 Prozent ein Haushaltsnettoeinkommen von über 2.500 Euro haben.[11] Auch deren Studie *Podcast Insights*[12], bei der die Hörerschaft der von AS&S vermarkteten Podcasts *Viertausendhertz* und *detektor.fm* befragt wurden, zeichnet ein solches Bild der Hörerschaft.[13] Allerdings sehen sich die AS&S-Studien einiger Kritik ausgesetzt, da ihr Kernanliegen vor allem in der Ergründung der Werbeakzeptanz liegt, die ihrem Ergebnis nach sehr hoch ausfällt: „So gaben 87 Prozent der Befragten an, Werbung im Umfeld der

7 Wunschel 2007, 159.

8 Ebd., 162.

9 Vgl. Domenichini 2018.

10 Vgl. u.a. Oehmichen/Schröter 2009.

11 Domenichini 2018, 46.

12 Die Studienergebnisse sind nur in Form einer kurzen Zusammenfassung online zugänglich. Vgl. o.V.: Podcast Insights.

13 Das Team von *Viertausendhertz* stellt die Ergebnisse in einer eigenen Podcast-Folge vor, in der sie diese diskutieren und mit ihrem eigenen Nutzungsverhalten abgleichen. Die Ergebnisse zeigen u.a., dass ihre Hörerschaft überwiegend männlich (79 %) und im Alter zwischen 30 und 40 Jahren (über 40 %) ist. Die HörerInnen verfügen zudem über einen überproportional hohen Bildungsstand (52% haben ein abgeschlossenes Studium), vgl. Conradi/Efert/Semak 05.08.2017.

Podcasts zu akzeptieren, um den kostenfreien Zugang auch weiterhin zu ermöglichen."[14] Dass es sich bei der Hörerschaft um einen tendenziell jüngeren RezipientInnenkreis handelt, bestätigt des Weiteren der Digitalverband Bitkom im Jahr 2016: „14 Prozent der Deutschen sagen, dass sie hin und wieder Podcasts hören. [...] Unter den 14- bis 29-Jährigen nutzen sogar 25 Prozent das Online-Medium. Bei den 30- bis 49-Jährigen sind es 14 Prozent, bei den 50- bis 64-Jährigen 16 Prozent."[15] Die Altersgruppe der 14-29-Jährigen ist mit 26,5 Prozent auch in der ARD-ZDF-Onlinestudie von 2017 die stärkste Gruppe.[16] Mit Blick auf die Hörerschaft im US-amerikanischen Raum kommt eine Studie von Chadha et al. (2012) demgegenüber zu einem zum Teil anders gelagerten Ergebnis: „The findings [...] reveal that most of the respondents were aged between 30-39 years and, interestingly, between 50-59 years, a group that has not come up as major podcast users in previous research."[17] Hinsichtlich der anderen demographischen Indikatoren Einkommen, Bildungsgrad und Geschlecht decken sich die Ergebnisse wiederum. Im Ergebnis der Studie kristallisieren sich vor allem drei Merkmale heraus: „In conclusion, our findings show that race, gender, and income are strong demographic predictors of podcast use. If you are male, non-White, and earn a lot of money, you are more likely to use podcasts."[18]

Bei der Untersuchung des Nutzungsverhaltens lassen sich mehrere Aspekte bzw. Fragestellungen ausmachen. Es wurde u.a. ermittelt, wie viele Menschen Podcasts nutzen und ob insgesamt ein Anstieg (oder eine Abnahme) der Nutzung zu verzeichnen ist. Dazu hat die jüngste, jährlich erscheinende ARD/ZDF-Onlinestudie 2017 Daten erhoben. Demnach lässt sich mit Blick auf die Audionutzung online insgesamt eine deutliche Zunahme feststellen.[19] Audio-Podcasts verzeichnen dabei eine Zunahme von +2%-Punkten von 11 auf 13 Prozent.[20] Des Weiteren ist die technische Infrastruktur, die bei der Rezeption von Podcasts zum Einsatz kommt, Gegenstand der Untersuchung. In jüngeren Studien zeigt sich hier, dass – wenig verwunderlich – Smartphones die am häufigsten genutzten

14 Domenichini 2018, 47. Der Deutschlandfunk-Journalist und Herausgeber eines Podcast-Newsletters Sandro Schroeder fasst seine Kritik in der pointierten Aussage zusammen: „Die Botschaft: Ganz viele Leute hören Podcasts. Die haben alle viel Geld und lassen sich auch noch gerne mit Werbung beschallen, schön nach Zielgruppen sortiert. Also bitte bringt euren Werbe-Etat in die Podcasts. Mit freundlichen Grüßen, ihr Podcast-Vermarkter ihres Vertrauens." Hören/Sagen-Newsletter, Ausgabe 5.

15 Bitkom 2016. Die Ergebnisse stoßen allerdings angesichts einer mangelnden Differenzierung bei der Frage nach der Nutzungshäufigkeit sowie einer mangelnden Definitionsschärfe des Begriffs „Podcast" auf Kritik, vgl. dazu u.a. Schroeder 2016.

16 Vgl. Schröter 2017, 465.

17 Chadha et al. 2012, 394.

18 Ebd., 397.

19 Vgl. Schröter 2017, 465.

20 Vgl. ebd., 465.

Endgeräte sind und die Inhalte entsprechend über Podcast-Apps abgerufen werden. Laut AS&S-Studie „[beziehen] 73 Prozent der Hörer [...] ihre Podcastinhalte über das Smartphone" und „34 Prozent der Hörer greifen auf Apps zu".[21] Den Ergebnissen der HörerInnenumfrage von *Viertausendhertz* nach liegt die Nutzung mobiler Endgeräte sogar bei 95 Prozent, Notebooks oder stationäre PCs sind mit 20 Prozent aber auch noch relativ gut vertreten.[22] Zudem werden Podcasts von der Mehrzahl der RezipientInnen mit Kopfhörern gehört (laut *Podcast Insight*-Studie sind es 90 Prozent). Und schließlich ist von Interesse, wann und wo bzw. bei welcher Gelegenheit Podcasts rezipiert werden. Hier zeigt sich, dass sich eine ganze Bandbreite an Nutzungsumgebungen auftut. Typischerweise werden Podcasts unterwegs gehört (in öffentlichen Verkehrsmitteln, beim Autofahren oder Spazieren gehen), in Wartesituationen, bei der Hausarbeit, aber auch beim ‚Nichts-Tun', also als alleinige Aktivität.[23] Im Bereich der Publikumsforschung finden sich über die genannten Studien hinaus weitere empirische Arbeiten, die sich im Schwerpunkt u.a. mit der Frage nach der Motivation von PodcastnutzerInnen befassen,[24] eine Typologie der NutzerInnen im deutschsprachigen Raum herausarbeiten[25] oder das mobile Hören (über Kopfhörer) und dessen Wirkung auf die Wahrnehmung der RezipientInnen näher beleuchten.[26]

Mit empirischen Forschungsergebnissen im Bereich der Kommunikatorforschung haben sich insbesondere Dennis Mocigemba, Kris Markman und Mélanie Millette hervorgetan, womit gleichfalls drei unterschiedliche Sprach- und Kulturräume (Deutschland, USA, Kanada) bedient werden. Mocigemba hat mit einer „qualitativ-explorative[n] Studie unter deutschsprachigen, privat produzierten Podcastern"[27] bereits 2006, also noch in der Frühphase des Mediums, eine Arbeit vorgelegt, in der er eine Typologie von Sendemodi herausarbeitet. Ausgehend vom Verständnis von Podcast als Graswurzelmedium fragt er nach den Beweggründen, Ambitionen und ästhetischen Ansprüchen von Personen, die die Rolle der in den klassischen Medien vormals passiven RezipientInnen zugunsten derjenigen der aktiven SenderInnen eingetauscht haben. Entlang der Kriterien Sendemotivation, Qualitätsanspruch und Interaktion mit HörerInnen und anderen PodcasterInnen unterscheidet Mocigemba im Ergebnis sechs unterschiedliche Typen von Sendemodi: *den Explorer, den Personality Prototyper, den Journalisten & ThemenCaster, den Rebellen, den Social Capitalist* sowie *den social*

21 Domenichini 2018, 47.

22 Vgl. Conradi/Efert/Semak 05.08.2017.

23 Vgl. u.a. Domenichini 2018, 47; Rampf 2008, 158; Conradi/Efert/Semak 05.08.2017.

24 Vgl. McClung/Johnson 2010.

25 Vgl. Rampf 2008.

26 Vgl. MacDougall 2011.

27 Mocigemba 2006, 1.

Gambler.[28] Es zeigt sich, „dass nicht nur sozialbezogene, sondern auch selbstbezogene Motive (Exploration der neuen Technik oder der eigenen Identität) die Praxis des Podcastens bestimmen".[29] Aufbauend auf dieser Studie hat Mocigemba noch drei weitere Arbeiten veröffentlicht, in denen er zum einen die herausgearbeiteten Sendemodi im internationalen Raum zu validieren sucht.[30] Zum anderen nimmt er eine theoretische Verortung der sechs Podcast-Sendetypen mit dem Ziel vor, „Podcasting als Kommunikationsphänomen vorzustellen und für die empirische Kommunikations- und Medienwissenschaft greifbar zu machen".[31] Und schließlich widmet er sich in einem weiteren Aufsatz allein dem Sendetypen des Personality Prototyper.[32]

Analog zu Mocigembas Studien ist Kris M. Markman (2012) für den US-amerikanischen Raum einige Jahre später ebenfalls der Frage nachgegangen, welche Funktion Podcasting für den unabhängigen, privaten Podcaster erfüllt. Die erhobenen Daten werden auch hier in sechs Motivations-Typen kategorisiert („technology/media motives, interpersonal motives, personal motives, content motives, process motives, and financial motives"[33]), die einige Parallelen zu Mocigembas Typologie aufweisen. Im Unterschied zu Mocigemba differenziert Markman zusätzlich zwischen der Motivation, mit dem Podcasten zu beginnen sowie der Motivation, die Tätigkeit fortzusetzen. Zudem erhebt die Studie Daten zu den demographischen Charakteristika der Personengruppe der unabhängigen PodcasterInnen. Die Auswertungen zeigen, dass insbesondere technologische/mediale Motive (der Wunsch Radio zu machen, niedrige Einstiegshürden, Interesse an der Technologie), inhaltliche Motive (starke Affinität zum Thema, Wunsch eine Nische zu füllen) und persönliche Motive (Spaß an der Aktivität, Möglichkeit zur Selbstdarstellung und zum Erlernen neuer Fertigkeiten) ausschlaggebende Gründe zur Initiierung eines eigenen Podcasts sind.[34] Die Motivation, die Tätigkeit fortzusetzen, ist dagegen primär interpersoneller Art (die Resonanz der Hörerschaft und die Eingebundenheit in eine Gemeinschaft).[35] Hinsichtlich der demographischen Charakteristika erweist sich die Gruppe der unabhängigen PodcasterInnen als überwiegend männlich, im Alter von über 35 Jahren mit einem hohen Bildungsgrad und professionellen beruflichen Hintergrund.[36] Für Mark-

28 Vgl. ebd., 26 für eine Übersicht der Sendemodi.

29 Mocigemba 2006, 25.

30 Ders./Riechmann 2007.

31 Ders. 2007, 71.

32 Ders. 2008.

33 Markman 2012, 555.

34 Vgl. ebd., 555 ff.

35 Vgl. ebd., 557 ff.

36 Vgl. ebd., 553 ff. Die Ergebnisse decken sich damit weitestgehend mit denen aus dem Bereich der Publikumsforschung.

man entspricht die Gruppe der unabhängigen Podcaster damit den Charakteristiken der sogenannten *Pro-Ams*, womit sie das Phänomen Podcasting (mit theoretischen Bezug auf Henry Jenkins) in den Kontext einer partizipativen und konvergenten Kultur stellt und das Medium als ein Beispiel von *user-generated content* begreift.[37] In einer Folgestudie, die Markman zusammen mit Caroline E. Sawyer zwei Jahre später durchgeführt hat, ließen sich diese Ergebnisse erneut bestätigen, „indicating a growing consensus that independent podcasting is dominated by a group of plugged-in, educated, older, male professionals, many of whom are working at making podcasting a full-time enterprise".[38] Mélanie Millette (2011) hat des Weiteren in einem etwas kleineren Rahmen eine Fallstudie zur Gruppe der unabhängigen PodcasterInnen in Montreal durchgeführt, in der sie den Fokus auf die sozio-kulturelle Dimension legt. Wie auch Markman und Sawyer setzt Millette Podcasting in theoretischen Bezug zu Konzepten der konvergenten, partizipativen Kultur.[39] Ihre zentrale These ist „that independent audio podcasting is a specific form of online participation, with its own subcultural logic and a unique ‚style' that is completely different from the institutional and traditional radio model".[40] Dieser letzte Aspekt Millettes berührt die nächste Kategorie an Forschungsarbeiten, die Podcasting in Anlehnung an das Medium Radio untersuchen und diskutieren.

Beim Aufkommen neuer Medien besteht die verlässlich wiederkehrende Tendenz, diese mit Rückgriff auf alte, ihnen verwandte Medien zu beschreiben und zu fassen. Das gilt auch für Podcasting, für das vorrangig das Radio den Bezugspunkt darstellt, von dem ausgehend es vielfach definiert und diskutiert wurde und wird. Insbesondere Brechts Radiotheorie und dessen populäre Forderung, der Rundfunk möge sich von einem Distributions- zu einem Kommunikationsapparat wandeln,[41] wird in einem Großteil der Publikationen als Referenz herangezogen. Podcasting birgt in den Augen vieler AutorInnen das Potential, dem Brecht'schen Postulat schließlich nachkommen zu können, insofern HörerInnen zu SenderInnen werden und in Interaktion miteinander treten. Thomas Pleil (2007), der Podcasting in die Tradition des Offenen Kanals und der Freien Radios der siebziger und achtziger Jahre stellt, sieht jedoch in der „Freude über die Verwirklichung Brecht'scher Utopien [...] zunächst eine Freude an der Möglichkeit"[42], insofern der theoretische Überbau, die kritische Haltung und der Duktus dieser Zeit in der aktuellen Podcastbewegung keine Rolle spielen würden. Auch Esther Dorn-Fellermann und Alexander Thieme (2011) sehen „das Versprechen

37 Vgl. ebd., 549.

38 Marman/Sawyer 2014, 33.

39 Vgl. Millette 2011, 7.

40 Ebd., 2.

41 Vgl. Brecht 1932, 129.

42 Pleil 2007, 179.

einer Umgestaltung des klassischen Radiodispositivs mit einem institutionellen Sender auf der einen und einer Masse von passiven Empfängern auf der anderen Seite im Brecht'schen Sinne von einem Distributions- zu einem Kommunikationsapparat"[43] nicht eingelöst:

> Zum einen hat das ,Private Podcasting' nicht die von den Pionieren erwartete Relevanz, zum anderen haben weder die Möglichkeit der Podcastproduktion noch die Freiheit ihrer Rezeption eine tatsächliche Veränderung des Rundfunksystems oder auch nur der Rundfunkinhalte mit sich gebracht.[44]

Aus Perspektive der Radioforschung kristallisieren sich vor allem zwei Kernfragen heraus: Ist Podcasting Radio? Und stellt Podcasting eine Bedrohung oder eine Chance für das etablierte Rundfunksystem dar? Einer der ersten, der diese Fragen zum Gegenstand seiner Forschung gemacht hat, ist Richard Berry. Er charakterisiert Podcasting anfangs als ein disruptives Medium, „one that has already forced some in the radio business to reconsider some established practices and preconceptions about audience, consumption, production and distribution".[45] Eine Einschätzung, die er zehn Jahre später neu justiert: „far from killing off radio, podcasting has had a positive impact, offering new opportunities for flexible listening, format innovation and revenue."[46] Podcasting wird hier als treibender Motor in der Entwicklung des Radios begriffen und ordnet sich damit in eine übergeordnete medienhistorische Perspektive ein, die sich in einer Vielzahl der Veröffentlichungen wiederfindet. Mit einem jeweils unterschiedlichen Fokus geht es im Kern stets um die Aushandlung der Frage nach dem Verhältnis zwischen Radio und Podcasting vor dem Hintergrund der Entstehungs- und Entwicklungsgeschichte der beiden Medien. Menduni (2007) bettet Podcasting in eine Entwicklungsgeschichte von Audio im digitalen Raum ein und versteht es mit Blick auf die Zukunft des Radios als „mid-term technology, representing one of a number of possible ways for radio to face complex digital future".[47] Sterne et al. (2008) fokussieren dagegen vielmehr auf die Entstehungs- bzw. genauer auf die Begriffsgeschichte des Ausdrucks *broadcasting*. Ihrer zentralen These nach ist Podcasting nicht als Alternative zum Rundfunk zu begreifen, sondern als „a realisation of broadcasting that ought to exist alongside and compete with other models".[48] Die AutorInnen hinterfragen das häufig als Sinnbild für das Verhältnis zwischen Podcasting und Radio herangezogene David gegen Goliath-Narrativ, mit dem sich eine negative Konnotation des Rundfunks („as state-supported or for-profit, with

43 Dorn-Fellermann/Thieme 2011, 245.

44 Ebd., 257.

45 Berry 2006, 144.

46 Ders. 2016a, 664.

47 Menduni 2007, 16.

48 Sterne et al. 2008.

restricted access and wide dissemination"[49]) und eine entsprechende Aufwertung von Podcasting als emanzipatorisches Medium verknüpft. Diese vermeintliche Opposition gilt es in den Augen der AutorInnen aufzulösen: „If we free the term broadcasting from its corporate connotations and remember its longer history, then podcasting is not simply an outgrowth of blogger culture, but rather part of a much longer history of dissemination."[50]

Aktuellere Publikationen, die bereits auf über ein Jahrzehnt Podcast-Geschichte zurückblicken können, stellen keine grundlegend neuen Fragen, kommen im Hinblick auf eine rasante Entwicklung des Mediums jedoch zu anderen Einschätzungen und Thesen. Tiziano Bonini konstatiert beispielsweise in einem 2015 erschienen Aufsatz den Eintritt des Mediums in eine zweite Entwicklungsphase. Ihm zufolge lässt sich die Geschichte von Podcasting als eine Entwicklung von einem Amateur- und Nischenmedium hin zu einem kommerziellen Massenmedium beschreiben: „from narrowcasting to broadcasting."[51] Dabei zieht er, wie auch Sterne et al., Parallelen zur Entstehungsgeschichte des Radios. Die erst genannten AutorInnen zielen mit der Rückbesinnung auf die Anfänge des Radios jedoch auf die Wiederbelebung des demokratisch-emanzipatorischen Potenzials und eine Erweiterung des aktuellen, engen Verständnisses von *broadcasting*. Demgegenüber wiederholt Podcasting Bonini zufolge schlicht die Radiogeschichte: „podcasting is *becoming* (commercial) broadcasting."[52]

Von einem nach wie vor bestehenden Interesse am Medium auf Seiten der Radioforschung zeugt die 22. Ausgabe des *Journal of Radio & Audio Media* (2015) zu den 'Golden Years of Audio', die unter dem Symposium-Titel *Podcasting: A Decade in the Life of a 'New' Audio Medium* Aufsätze mit ganz unterschiedlichen inhaltlichen Ausrichtungen versammelt. Darunter u.a. die Untersuchung der Frage „how an informal network of Black podcasters […] functions as a contemporary digital iteration of enclaved Black social spaces"[53]; eine Analyse der Funktionsweise populärer Podcast-Apps;[54] eine Einordnung der Erfolgsserie *Serial* im Kontext der Podcastgeschichte;[55] und eine Klassifizierung von Podcasts als Reproduktionen alter Radioformate am Beispiel des Podcasts *Welcome to Night Vale.*[56]

Inwiefern oder ob es überhaupt sinnvoll ist, Podcasting innerhalb des Referenzrahmens Radio zu diskutieren, ist schließlich eine Frage, die der Podcastforschung eine mögliche neue Richtung weist. So reflektiert Berry über seine eigene

49 Ebd.
50 Ebd.
51 Bonini 2015, 27.
52 Ebd., 28.
53 Florini 2015, 209.
54 Vgl. Morris/Patterson 2015.
55 Vgl. Berry 2015.
56 Vgl. Bottomley 2015.

Arbeit: „My 2006 article profiled podcasting 'as radio'. Whilst this offered a useful frame at the time with which to evaluate something new, we should now question whether that remains a useful approach."[57] Berry argumentiert, dass Podcasting spezifische und distinguierende Eigenschaften zukommen, die es rechtfertigen, es als eigenständiges Medium und nicht als Teil oder Variante des Radios zu begreifen. Ausgehend von einer ausführlichen Diskussion dieser Unterschiede (und Schnittpunkte) unterbreitet er den Vorschlag

> that in order to advance our scholarship on podcasting we could also consider it as something that is capable of being distinct from linear radio broadcasting and then investigate it further on its own terms. By changing the lens, we may be able to change the questions we ask and reach new conclusions about what podcasting really is.[58]

Berry behält in diesem Punkt m.E. nach recht. Podcasting ist als eigenständiges Medium zu fassen, dass sich unabhängig vom Referenzpunkt Radio analysieren und diskutieren lässt. Dem geforderten Perspektivwechsel wird die vorliegende Studie somit nachkommen.

Podcasts finden in sehr diversen Bereichen Anwendung, entsprechend verschieden sind die wissenschaftlichen Disziplinen, die Podcasts zum Gegenstand der Forschung gemacht haben.[59] Es finden sich beispielsweise Publikationen, die die Rolle des Mediums im Gesundheitswesen,[60] in der Unternehmenskommunikation,[61] in der Vermittlung religiöser Inhalte[62] oder im Bereich der Fan-Kultur[63] untersuchen. Auch konkrete Podcasts oder Podcastgenres sind Gegenstand von Forschungsarbeiten geworden.[64] Den größten Anteil bilden Veröffentlichungen zur Rolle des Mediums als didaktisches Lern- und Lehrmittel im Bildungswesen. Darunter finden sich Arbeiten, die sich ganz allgemein mit dem Einsatz des Mediums in der Hochschulbildung und dessen Implikationen befassen[65] oder sich auf ein spezielles Unterrichtsfach bzw. eine Disziplin oder ein spezifisches Fachthema fokussieren.[66] Außerdem gibt es eine ganze Reihe an Publikationen, die das didaktische Potenzial des Mediums beim Erlernen von (Fremd-)Sprachen

---

57 Berry 2016a, 665.

58 Ders. 2016b, 20.

59 Vgl. zu den verschiedenen Einsatzgebieten von Podcasting u.a. Pleil 2007 und Mocigemba 2006.

60 Vgl. exemplarisch Dobbins 2017; Turner-McGrievy/Kalyanaraman/Campbell 2013.

61 Vgl. exemplarisch Huber/Matthes/Stenneken 2008; Bunn 2009.

62 Vgl. exemplarisch Swanson 2010.

63 Vgl. exemplarisch Diffrient 2010; Salvati 2015.

64 Vgl. exemplarisch Hancock 2016.

65 Vgl. exemplarisch Fernandez/Simo/Sallan 2009; Lonn/Teasley 2009; McGarr 2009.

66 Vgl. exemplarisch Alegi 2012; Cho/Cosimini/Espinoza 2017; Swan/Hofer 2009.

untersuchen.[67] Und schließlich haben sich einige AutorInnen mit der Rolle von Podcasting für die Wissenschaftskommunikation bzw. innerhalb des Wissenschaftsbetriebs befasst. Birch und Weitkamp (2010) untersuchen z.B. anhand von fünf populären Wissenschaftspodcasts die Frage, inwiefern das Medium Anreize für themenbezogene Diskussionen auf den an die Podcasts gekoppelten Blogs und Foren schafft und inwieweit sich diese Diskussionen auf das Hörerlebnis auswirken. Picardi/Regina (2008) geben einen Überblick über das Feld der Wissenschaftspodcasts und diskutieren deren Potenzial vor allem mit Blick auf die interaktive Komponente des Mediums. Hu (2016) hebt insbesondere auf die Synergieeffekte ab und zeigt, inwiefern das eigene wissenschaftliche Arbeiten von der Praxis des Podcastens profitieren kann. Fox und Llinares (2016) bringen Form und Inhalt direkt zusammen, indem sie die Frage nach den medienspezifischen Potenzialen von Podcasting als Form wissenschaftlichen Arbeitens in einer Podcast-Episode diskutieren und dabei gleichfalls ihr eigenes Tun reflektieren.

Das für die vorliegende Untersuchung interessante Anwendungsfeld ist das der Politik. In einem Großteil der bislang aufgeführten Forschungsarbeiten ist eine politische Dimension auf das Phänomen Podcasting grundlegend gegeben: Podcasting wird im Sinne einer Anwendungsform des Web 2.0 als partizipatives Graswurzel-Medium konzeptualisiert, in die Tradition der Freien Radios gestellt oder als Erfüllung Brecht'scher Träume diskutiert. D.h., ein Großteil der Veröffentlichungen hebt mehr oder weniger explizit auf die demokratischen Potenziale des Mediums ab. Über diesen politischen Grundton hinaus, lassen sich einige Arbeiten eigens herausgreifen, die einen konkreteren Bezug zum politischen Feld herstellen.

Bei Mocigemba und dessen herausgearbeiteten Typologie von Sendemodi eröffnet sich mit dem Sendemodus des *Rebellen* eine politische Dimension auf den Gegenstand Podcasting.[68] PodcasterInnen, die diesem Typus zuzuordnen sind, verstehen Podcasten als eine Form des politischen Handelns und der Emanzipation: „Der Rebell stellt die Praxis seines eigenen Sendens in einen sozialen und politischen Kontext und versteht sein Podcasten als Protest gegen die etablierten Medien und dabei vor allem das Radio."[69] Das politisch motivierte Podcasten ist für Mocigemba demnach mit den Begriffen und Konzepten der Graswurzelkommunikation, der virtuellen Speaker's Corner, des Piratenradios oder des bürgerschaftlichen Engagements zu fassen. Dabei ist bereits „die Wahl des Mediums symbolisch als politische Stellungnahme"[70] zu verstehen.

Die Studie von Chadha et al. (2012) richtet den Blick auf die sozialgesellschaftliche Bedeutung von Podcasts und deren Effekt auf die NutzerInnen, indem

67 Vgl. exemplarisch Naidionova/Ponomarenko 2018; Schmidt, J. 2008; Kim 2009.

68 Vgl. Mocigemba 2006, 20-22 sowie Mocigemba 2007, 66-68.

69 Ders. 2006, 20.

70 Ders. 2007, 67.

sie den Zusammenhang zwischen Podcastnutzung und der politischen Partizipation der HörerInnen untersucht. Den Ergebnissen zufolge wirkt sich Podcasting förderlich auf das politische Engagement der RezipientInnen aus, online sowie offline.

> The podcast use variable was a significant predictor of an individual's online and offline political participation. [...] there is a positive relationship between podcast use and political participation. Simply put, a podcast user is likely to participate in political activities – online and offline – that are important for a functioning democracy.[71]

Philipp Niemann (2007) befasst sich in einem kurzen Abschnitt seiner Studie mit dem Podcast-Angebot der Fraktion Die Linke mit dem Ergebnis, dass „hinsichtlich der Präsentation der Inhalte im Podcast selbst [...] die Fraktion ‚Die Linke' nahtlos an das anknüpft, was schon zuvor von ihr in den klassischen Medien betrieben wurde und auch in diesem Bereich keinerlei revolutionäre Ambitionen hat".[72] Die Auseinandersetzung mit dem Podcastangebot der Partei steht dabei im Kontext seiner Evolutions-These, der nach Podcasting keinen revolutionären, sondern evolutionären Charakter inne hat.

Auf der politischen Bühne bekam das Medium Podcasting in Deutschland erstmals durch den vom Podcastverband e.V. organisierten Podcast-Thementag unter dem Motto ‚Wir sind die Sender' zur vorgezogenen Bundestagswahl 2005 eine breitere Aufmerksamkeit. Diese Veranstaltung hat Eingang in verschiedene Forschungsartikel gefunden.[73] Aus dezidiert politikwissenschaftlicher Perspektive diskutieren Erik Meyer und Christoph Bieber (2005) die Veranstaltung zum einen als eine neue Form politischer Öffentlichkeit bzw. als Veranstaltungsöffentlichkeit. Zum anderen beleuchten sie Podcasts als neues Instrument im Online-Wahlkampf der PolitikerInnen, sprich als Medium der Wahlkampfkommunikation. Eine ausführlichere Erörterung der öffentlichkeitstheoretischen Einordnung von Podcasts (wie auch Weblogs) als Veranstaltungsöffentlichkeiten erfolgt zudem in Bieber (2006). Der Artikel diskutiert, inwiefern das Medium den Kriterien dieser Öffentlichkeitsebene entspricht und hebt – vor dem Hintergrund der Diskussion um eine zunehmende Fragmentierung der Öffentlichkeit – auf das Re-Integrationspotenzial dieser neuen Formen der Online-Kommunikation ab.[74]

---

71 Chadha et al. 2012, 397.

72 Niemann 2007, 105. Dabei bleibt eine Diskussion, inwiefern sich dieses Medienangebot überhaupt als Podcast qualifiziert – da es sich offensichtlich um eine bloße Weiterführung bereits bestehender multimedialer Formate unter anderem Namen (‚Podcast') handelt – leider aus.

73 Vgl. u.a. Lösers/Peters 2007, 145 sowie Pleil 2007, 179.

74 Vgl. Bieber 2006, 64.

3. Entstehungs- und Entwicklungsgeschichte

In diesem Kapitel erfolgt der historische Zugriff auf den Gegenstand Podcasting. Es sollen erstens zentrale Ereignisse und Momente erörtert werden, die sich als Geburtsstunde des Mediums ausmachen lassen (3.1); zweitens werden die technischen sowie sozialen Voraussetzungen dargelegt, die die Entstehung bedingt bzw. begünstigt haben (3.2); und drittens wird der Eintritt des Mediums in eine neue, seine gegenwärtige Entwicklungsphase diskutiert (3.3).

3.1 Geburtsstunde eines neuen Mediums

Die Entstehungsgeschichte des Mediums Podcast wird gemeinhin vor allem mit den folgenden Namen in Verbindung gebracht: Ben Hammersley, Dave Winer, Adam Curry und – etwas seltener im Fokus, aber nicht minder wichtig – Christopher Lydon. Der Journalist und Technik-Blogger Ben Hammersley gilt als der Erfinder des Ausdrucks ‚Podcasting', den er erstmals in einem im Februar 2004 erschienen Artikel im *The Guardian* verwendet.[75] Nach einem passenden Namen für das von ihm beschriebene Phänomen einer neuen Art des Amateur-Radios suchend, ersinnt Hammersley das Kunstwort unter anderen:

> With the benefit of hindsight, it all seems quite obvious. MP3 players, like Apple's iPod in many pockets, audio production software cheap or free, and weblogging an established part of the internet; all the ingredients are there for a new boom in amateur radio. But what to call it? Audioblogging? Podcasting? GuerillaMedia?[76]

Mit dieser tentativen Auflistung möglicher Label für das neue Netzphänomen prägt Hammersley unwissentlich den Begriff, der sich bereits ein Jahr später im Sprachgebrauch etabliert haben wird.[77] Das Kofferwort „setzt sich aus zwei Komponenten zusammen: *Pod* rekurriert auf den beliebten MP3-Player iPod der Firma Apple. *Casting* verweist auf Broadcasting, also Rundfunk. Ein Podcast ist folglich eine Art Rundfunkbeitrag für ein mobiles Abspielgerät".[78] Diese Begriffsbildung stößt wiederholt auf Kritik, insofern sie in zweierlei Hinsicht irreführend ist: Die

75 Vgl. u.a. Berry 2006, 143 f.; Berry 2016a, 662; Sterne et al. 2008.

76 Hammersley 2004.

77 Zum Durchbruch gelangte der Begriff einige Monate später im Herbst 2004 im Zuge eines im Onlinejournal *The Inquirer* erschienen Interviews. Vgl. dazu Sterne et al. 2008. Die AutorInnen geben einen weiterführenden Überblick über die Verbreitung des Begriffs in den öffentlichen Medien sowie über den geführten Diskurs in den Anfangsjahren 2004 und 2005. In den Augen der AutorInnen erweist sich der Ausdruck ‚Podcasting' als „the product of a disorganised exchange carried out amongst technology journalists and online computer enthusiasts in the early 2000s."

78 Mocigemba 2006, 3.

erste Begriffskomponente (*pod)* suggeriert eine Exklusivität hinsichtlich des Abspielgeräts *iPod*, die nicht gegeben ist. Die zweite Komponente (*broad*) wiederum verweist auf ein Massenpublikum, an das sich das Nischenmedium Podcast zumeist gar nicht wenden möchte.[79]

Der von Hammersley erstgenannte Begriffsvorschlag ‚Audioblogging' ist dahingehend gut gewählt, als dass hieran ersichtlich wird, dass Podcasting seinen Ausgang im Weblogging nimmt. Einer der ersten, der das textbasierte Medium Weblog um Audioinhalte ergänzte – und mit dem Hammersley die neue Netzbewegung maßgeblich verknüpft – ist der amerikanischen Radio- und ehemalige New York Times Journalist Christopher Lydon. Lydon begann 2003 Audio-Interviews mit BloggerInnen, InternetpionierInnen und PolikerInnen auf seinem Weblog *Open Source* zu veröffentlichen.[80] Die erste Folge, ein Interview mit dem Blogger und Software-Entwickler Dave Winer, wurde im Juli 2003 online gestellt.[81] Winer ist nicht nur der erste Interview-Partner, er ist vielmehr maßgeblich an der Entstehung und der technischen Umsetzung dieses Projekts beteiligt. Winer gilt auf der technischen Ebene als Erfinder des Podcasting, insofern auf ihn die dem Medium zugrundeliegende Distributionstechnologie *RSS* zurückgeht, ein Dateiformat, das er bereits 1999 in Zusammenarbeit mit der Firma *Netscape* entwickelt hat.[82] Der für das Podcasting entscheidende Entwicklungsschritt erfolgte 2001 mit der Veröffentlichung von *RSS 2.0.* Dieses erweiterte Dateiformat ermöglicht es mittels sogenannter *enclosure tags* nicht nur textbasierte Inhalte, sondern auch andere Formate, wie z.B. Audiodateien, zu referenzieren – die Technologie, mit der auch Lydon seine Audio-Interviews distribuiert hat. Was zuvor also bereits für das (textbasierte) Weblogging genutzt wurde, kann in technischer Hinsicht jetzt auch für Audioinhalte, also für das Podcasting, Anwendung finden. Nämlich die automatische, von einer Anwendung ausgeführte Suche nach neuen (Audio)Inhalten und deren automatischer Download, ohne dass NutzerInnen Internetseiten manuell auf neue Inhalte überprüfen müssen. So gesehen beginnt die Geschichte des Podcastings also im Sommer 2003 mit Dave Winer, der die technische Grundlage (weiter)entwickelt, und Christopher Lydon, der mit seinen Interviews und Gesprächen den Inhalt beisteuert, am *Berkman Center for Internet and Society* an der Harvard Universität, wo sich beide zu dieser Zeit als Forschungsstipendiaten aufhielten.

Zur weit verbreiteten Anwendung kommt diese Technik und Praxis allerdings erst einige Zeit später, sodass im Großteil der historischen Darstellungen weniger

79 Vgl. u.a. Mocigemba 2006, 3 und Berry 2006, 144.

80 Die Sendung erscheint heute als wöchentliche Radio-Show des Radiosenders WBUR.

81 Vgl. Doyle 2005. Die ersten Podcast-Folgen wurden von Winer allesamt archiviert und stehen online zum Download zur Verfügung, vgl. Winer 2017.

82 Vgl. van Aaken 2005, 12.

dem Team Winer/Lydon Rechnung getragen wird, sondern die Rolle des ehemaligen MTV-Moderators und Rundfunksprechers Adam Curry prominent hervorgehoben wird. Curry gilt vielen als der eigentliche *Podfather*, an dessen Einsatz und Arbeit sich die Geburtsstunde des Mediums knüpft – womit die Geschichte (erst) im August 2004 ihren Anfang nimmt.[83] Sein Verdienst und Beitrag zur Entstehung und Entwicklung des Mediums liegt zum einen in der Programmierung der Software *iPodder*, „die innerhalb von RSS-Dateien nach verknüpften MP3-Dateien Ausschau hält, um diese dann automatisch herunterzuladen und in die Musikverwaltung *iTunes* zu übertragen"[84], womit er den ersten *Podcatcher* bzw. *Podcastclient* entwickelt hat. Hinter der Entwicklung von *iPodder* stand Currys Wunsch nach einer bequemen Möglichkeit, Audioinhalte aus dem Netz ohne viel Aufwand auf seinen *iPod* gespielt zu bekommen. Nachdem sich niemand fand, der eine solche Software für ihn entwickelte, eignete er sich das nötige Wissen selbst an und schrieb ein einfaches Programm und stellte es als Open Source-Projekt zur freien Nutzung und Weiterentwicklung für die Allgemeinheit online zur Verfügung.[85] Zum anderen produzierte er unter dem expliziten Label ‚Podcast' die Sendung *Daily Source Code*, deren erste Folge am 13. August 2004 veröffentlicht wurde. Damit wird ihm (und nicht Lydon) der Verdienst der ersten Podcast-Produktion zugeschrieben. Und schließlich hat Curry sehr medienwirksam das neue Medium beworben und damit zu dessen Bekanntheit und Popularität in der breiteren Öffentlichkeit beigetragen.[86] Currys Arbeit baut maßgeblich auf der von Winer und Lydon auf, aber mit Sterne et al. gesprochen, war er es, der letztlich das Potenzial in den bereits vorhandenen Komponenten sah und das Medium engagiert und erfolgreich realisierte: „If Winer provided the technical capabilities and Lydon provided the content, some say it was Curry who saw the potential in the format."[87] Wie sehr das Schaffen dieser drei Akteure miteinander verzahnt ist, zeigt sich auch in dem Umstand, dass sie alle drei als Teilnehmer der von Winer organisierten Konferenz *BloggerCon I* am *Berkman Center for Internet and Society* an der Universität Harvard im Oktober 2003 aufeinandertrafen. Sterne et al. folgend bietet diese Konferenz so gesehen „an easy origin point for the podcasting phenomenon because all three ‚podfathers' were in the same place at the same time".[88]

Ein entscheidender Moment in der Geschichte des Podcastings geht mit einem Update Apples für dessen Music Store *iTunes* im Juni 2005 einher.[89] Mit der

83 Vgl. u.a. Crofts et al. 2005, van Aaken 2005, 12 ff.; Mocigemba 2006, 5; Berry 2006, 152.

84 van Aaken 2005, 13.

85 Vgl. dazu das Interview mit Curry im Magazin *Wired* (Jardin 2005).

86 Vgl. Berry 2006, 152.

87 Sterne et al 2008.

88 Ebd.

89 Vgl. u.a. Crofts et al. 2005.

Veröffentlichung der Version 4.9 integriert Apple unter dem Slogan ‚Radio Reborn‘ und ‚Podcasting. The next generation of radio‘ ein Podcast Feature, das erstmals das Abonnieren, den Download von und das kategorisierte Suchen nach Podcasts möglich macht. Zudem wird es ProduzentInnen ermöglicht, ihre Podcasts in *iTunes* zu publizieren. Die Integration dieser Podcast-Funktionen verhalf dem Medium – dank der weit verbreiteten Nutzung und Beliebtheit von *iTunes* – zu einem nachhaltigen Anstieg der Popularität, da ein breites Publikum schlagartig Zugang zu einer Vielzahl kostenloser Podcasts bekam. Für Löser/Peters liegt hierin „der Beginn des wirklichen Podcast-Booms“.[90]

Die schnelle Verbreitung und rasante Entwicklung des neuen Mediums werden an verschiedenen Stellen immer wieder als bemerkenswert hervorgehoben. Exemplarisch hierfür können die Ausführungen von Virginia Madsen stehen:

> The contrast between these tentative mentions of a possible audio distribution platform in 2004 [gemeint ist Hammersleys Artikel, Anmerkung KL] and the actuality of podcasting only a year later, is remarkable. Even more startling is the exponential growth and apparent interest in podcasting, in the space of less than a year. Dan Gilmour mentions that a Google search he did for 'podcasts' in September 2004 yielded only 24 hits, whereas one year later that same search elicited over 100 million hits.[91]

Symbolischer Endpunkt und Manifestation dieses in kürzester Zeit immens gestiegenen Interesses am neuen Medium kann schließlich in der Ernennung von „Podcasting“ zum Wort des Jahres 2005 vom *New Oxford American Dictionary* ausgemacht werden.

Die Ausführungen haben bis hierhin gezeigt, dass sich je nach Perspektive und Schwerpunktsetzung unterschiedliche Ereignisse und Zeitpunkte als Geburtsstunde des neuen Mediums Podcast ausmachen lassen. In etymologischer und diskursiver Hinsicht beginnt die Geschichte mit Hammersleys Artikel und Wortschöpfung im Februar 2004. In der Regel wird die Entstehung des Mediums an das Erscheinen der ersten Podcastfolge von Adam Currys *Daily Source* im August 2004 geknüpft. Der initiierende Moment lässt sich aber auch bereits im Sommer bzw. Herbst 2003 in der Zusammenarbeit von Winer und Lydon sowie dem Zusammentreffen aller drei ‚Podcast-Väter‘ auf der ersten Blogger-Con in Harvard

90 Löser/Peters 2007, 141. Apple hat sich auch in der Folgezeit um die Entwicklung technischer Innovationen im Bereich Podcasting bemüht: „Apple continued to capitalise on the trend with the release of GarageBand version 3 in their iLife '06 package (January, 2006). Among other program features, the new edition included a ‚podcasting template‘ and other elements to facilitate podcast recording. For podcasters, GarageBand simplified the process of podcasting even further by including tools specifically designed for podcast production (e.g. vocal tracks with EQ settings for radio-type voices, jingles, musical stings, etc.) and by offering export options for uploading podcasts directly to websites.“ (Sterne et al. 2008).

91 Madsen 2009, 1192. Vgl. außerdem Berry 2006, 144; Mocigemba 2006, 5.

festmachen. In technischer Hinsicht liegt der Startpunkt noch weiter zurück, nämlich bei der Entwicklung und Erweiterung des Dateiformats RSS im Jahr 2001. Und schließlich ließe sich die Geburtsstunde mit Fokus auf die institutionell-organisatorische und breitenwirksame Verankerung des Mediums im Juni 2005 mit Apples Update bzw. der Podcast-Integration in iTunes verorten.

3.2 Bedingungen der Möglichkeit von Podcasting

Um die Entstehungs- und Entwicklungsgeschichte von Podcasting zu verstehen, ist es unabdingbar, die technologischen wie auch sozialen Voraussetzungen in den Blick zu nehmen, die die Genese des Mediums bedingt bzw. begünstigt haben. Einige dieser Faktoren sind im vorangegangenen Abschnitt bereits angeklungen und sollen an dieser Stelle noch einmal konkretisiert werden, wobei hier jedoch keine vollumfängliche und erschöpfende Analyse der Vorbedingungen des Mediums erfolgen soll.

Podcasting steht im Kontext einer Entwicklung des Internets hin zum *Neuen Netz*,[92] d.h. im Kontext einer Vielzahl neuer Formen der Internetnutzung, die sich Anfang der 2000er Jahre herausgebildet haben und unter dem Schlagwort Web 2.0 gefasst wurden. Dabei gelten Weblogs vielen als direkter Vorläufer von Podcasting:

> Much of the technological mindset behind podcasting has its origins in the world of blogging. In fact, some have referred to podcasting as „audio blogging." For many, podcasting is a logical next step from blogging. As Stephen Baker observes: „The heart of the podcasting movement is in the world of blogs, those millions of personal Web pages that have become a global sensation. In a blogosphere that has grown largely on the written word, podcasts add a soundtrack."[93]

Das Verständnis von Podcasting als ‚logischer nächster Schritt' findet sich auch in Hammersleys begriffsprägenden Artikel, in dem er zum Ende hin schreibt: „We're going from the ease of putting words online to the new ease of putting audio there too."[94] Podcasting knüpft dabei nicht nur in technischer Hinsicht an Weblogging an (Verwendung von RSS-Feeds, Einbindung vieler Podcasts auf Weblogs usw.), sondern auch in ‚geistiger' Weise, sprich, die neue Podcast-Bewegung wird gleichfalls eng mit der Idee und Mentalität der Blogosphäre (oder noch allgemeiner: mit der des Web 2.0) in Zusammenhang gebracht.

92 Vgl. Schmidt, J. 2009.

93 Crofts et al. 2005.

94 Hammersley 2004.

> In 2004, a new movement began. It was one that promised democratization of media production tools and the means to freely distribute work. Using domestic tools and open source software, the pioneers threatened to disrupt the top-down media ecosystem that we were used to. That movement was podcasting.[95]

Mit einer geänderten Jahreszahl zu Beginn, ließe sich dieses Zitat ohne Weiteres auch mit dem Satz ‚This movement was *blogging*' schließen. Die Idee, dass jede und jeder seine und ihre Inhalte und Meinungen in die öffentliche Debatte einbringen und die Gatekeeper-Funktion der etablierten Medien damit umgehen kann, das Versprechen nach mehr Partizipation und Demokratisierung, das Potenzial interaktiver, dezentraler Kommunikation und dergleichen Aspekte mehr wurden also erneut und weitestgehend analog auf das neue Medium Podcasting übertragen. Podcasting tritt als Sprössling der Weblogs in dessen Fußstapfen einer Graswurzel-Bewegung und wird in dieser Weise auch öffentlich aufgefasst diskutiert.[96]

Allgemeinhin werden diese neuen Nutzungsweisen des Internets und die vom Weblogging entlehnte RSS-Technologie zusammen mit der Verbreitung von mobilen Abspielgeräten, allen voran Apples iPod, in technischer Hinsicht als treibende Motoren der Podcast-Entstehung angesehen. Sterne et al. (2008) fokussieren entgegen dieser geläufigen Darstellung nicht allein auf die Synthese der Distributionstechnologie RSS und Apples *iPod* (oder anderen mp3-Playern), sondern nehmen eine Reihe weiterer Faktoren mit in den Blick, die für sie zentrale oder notwendige Bedingungen für die Möglichkeit der Entstehung des Mediums darstellen. Dazu zählt die Entwicklung erschwinglicher und anwendungsfreundlicher Soft- als auch Hardware für die Audioproduktion im Amateurbereich (z.B. der Audioeditor und -rekorder *Audacity* oder die Apple-Variante *Garage Band*, die 2002 bzw. 2003 erschienen) als auch der fortschreitende Ausbau des Breitband-Internetzugangs.

> The ability to create podcasts, in other words, depends not only on devices to listen to them (MP3 players), or technologies to help consumers find them (RSS) but also on a host of Software and hardware innovations, many of which began long before RSS or even iPods. The proliferation of relatively affordable and easy-to-use audio recording and editing software and hardware, increased

95 Berry 2016a, 661.

96 Eine Richtung, die bereits Hammersley vorgegeben hat, wie Sterne et al. (2008) herausarbeiten: „The issues Hammersley raised became central to the emerging discourse surrounding podcasting when the topic of amateur online radio returned to journalistic spotlights in the fall of 2004. Specifically, writers focused on podcasting's supposed techno-democratic orientation because of its ease-of-use and open source foundation, its implicit anti-corporate inflection, and emphatic declarations of podcasting as the ‚future of radio'."

> broadband uptake, and an amplified appetite for producing and consuming amateur audio content all contributed to an environment ripe for the practice of podcasting. Rather than a driving force, portable digital players (even the iPod) were simply one condition of possibility.[97]

Die medienhistorische Studie Philipp Niemanns, in der er die These vertritt, dass Podcasting „keinesfalls als Revolution einzuschätzen ist, sondern vielmehr als Ergebnis einer kontinuierlichen Medien- und Technologieentwicklung gesehen werden muss“[98], untermauert diese Ausführungen. Neben den bereits genannten etablierten Technologien[99] konnte sich Podcasting Niemann zufolge darüber hinaus auf der Basis diverser sozialer Kräfte herausbilden, „die der gesellschaftlichen Nachfrage nach einem neuen Online-Medium wie Podcasting zuträglich waren“.[100] Podcasting steht für ihn u.a. im Kontext einer zunehmenden Individualisierung: Das Medium bediene genau das gesellschaftlich verankerte Bedürfnis nach Inhalten, die an das individuelle Interesse und Nutzungsverhalten angepasst sind. „[D]ie nachlassende Attraktivität des Angebots der klassischen Hörfunkanbieter“[101] ist ein weiterer Aspekt, der zum Erfolg von Podcasting beitragen konnte.

Diese Kopplung der Entstehung des Mediums an diverse technische wie soziale Voraussetzungen gilt gleichwohl für die gesamte weitere Entwicklung. In diesem Sinne stellt sich auch die von Tim Pritlove skizzierte Entwicklungsgeschichte dar: Nach dem Abklingen des ersten Hypes im Jahr 2005 macht er die zweite Hochphase, die er zwischen den Jahren 2008 und 2011 verortet, nicht an bestimmten Ereignissen fest, sondern erklärt das wieder aufkommende Interesse an Podcasting mit den sich weiterentwickelten technischen Standards, die sich im Vergleich zu 2004/5 deutlich verbessert haben. Beispielsweise wurde mit der Entwicklung von 3G und später LTE der Mobilfunk schneller und leistungsfähiger und die zunehmende Verbreitung von Smartphones und der entsprechenden Podcast-Apps ermöglichte eine vereinfachte Rezeption.[102]

In dieser zunehmend besseren und anwendungsfreundlicheren Technik macht auch Richard Berry einen der Erfolgsfaktoren der Podcast-Serie *Serial* aus, die in der Podcast-Historie einen zentralen und richtungsweisenden Punkt markiert.[103] Rund 10 Jahre nach Adam Currys ersten Podcast erscheint am 21. Oktober 2014 die erste Folge der von Sarah Koenig produzierten True-Crime-

97 Sterne et al. 2008.

98 Niemann 2007, 59.

99 Vgl. ebd., 66 ff.

100 Ebd., 68.

101 Ebd., 71.

102 Vgl. Das Sendezentrum 2017.

103 Vgl. Berry 2015. Weitere Erfolgsfaktoren sind ihm zufolge u.a. die Verbindung von *Serial* zu *This American Life*, das gegenwärtige Interesse an seriellen Formaten und das massenkonforme Thema eines Verbrechens bzw. Mordes.

Geschichte, deren ungeahnter und einschlagender Erfolg dem Medium einen erneuten Aufschwung beschert. Für Berry macht die Serie einen signifikanten, aber nicht notwendigerweise einen definierenden Moment in der Geschichte von Podcasting aus.[104] Er betont, dass nicht *Serial* allein für die erneut erwachsene Popularität des Mediums ursächlich ist, sondern die Podcast-Serie bzw. deren Erfolg wiederum im Kontext verschiedener Faktoren und Entwicklungen steht, die zur selben Zeit griffen und die ihren Teil zum Erfolg beigetragen haben: „So, while Serial might represent an identifiable landmark, the reasons behind this notability may be a combination of factors, in which technologies, brands, social sharing, and engaging content all play a part."[105] Einen weitaus höheren Stellenwert nimmt die Podcast-Serie in der Arbeit des italienischen Medienwissenschaftlers Tiziano Bonini ein. *Serial* stellt für ihn einen Wendepunkt in der Geschichte dar bzw. markiert den Eintritt in das ‚zweite Zeitalter von Podcasting', worum es im letzten Abschnitt gehen wird.

3.3 The Second Age of Podcasting

Podcasting ist zu Beginn in erster Linie ein von Einzelpersonen privat produziertes Amateur-Medium. Die Wegbereiter selbst (Chrisopher Lydon, Adam Curry, Dave Winer) waren zwar allesamt keine Amateure, sondern Medienschaffende mit zum Teil beruflicher Erfahrung im etablierten Medien- und Hörfunkbetrieb. Sie produzierten ihre Inhalte indessen aber privat und unabhängig von professioneller Studiotechnik mit frei zugänglicher oder preislich erschwinglicher Hard- und Software und bereiteten damit den Weg für die Produktion von Audioinhalten im Amateurbereich. Allerdings greift diese Sichtweise allein zu kurz, insofern das Medium von Beginn an auch vor dem Hintergrund kommerzieller Interessen Anwendung fand, wie u.a. Bonini herausgearbeitet hat:

> While media studies scholars have focused on the potentially liberating aspect of podcasting as a tool for independent communication that's independent and accessible even to non-professionals, podcasting was immediately adopted by corporate and traditional public media (radio, TV, newspapers) and by professional producers for commercial aims. Since its creation podcasting has evolved in two directions: amateur, non-profit use and commercial, for-profit use […].[106]

---

104 Vgl. Berry 2015, 176: „There is a sense that Serial forced many to re-evaluate the medium, as it not only raised the production quality bar […] but presented podcasting as a viable alternative platform for content creators and storytellers. While developments in technology […] could pose threats, podcasting is a medium that – through Serial – has enjoyed renewed attention. In that regard, Serial is a significant but not necessarily a defining moment, and one that will no doubt be the subject of further academic scrutiny."

105 Ebd., 171.

106 Bonini 2015, 23.

Trotz dieser zweigleisigen Ausrichtung ist Podcasting zu Beginn primär ein Amateurmedium, dessen Inhalte ein Nischenpublikum anspricht. Das ändert sich Bonini zufolge in entscheidender Weise mit der Podcast-Serie *Serial*, die die Aufmerksamkeit eines breiten (Millionen-)Publikums erlangt, das weit über die üblichen kleinen Zuhörerschaften von Podcasts hinausgeht: „Serial is not only one of the greatest successes of public radio storytelling but also represents the turning point for the second age of podcasting: it's the programme that has made this distribution technology go mainstream and transformed it into a ‚mass medium'."[107] Podcasting ist mit *Serial* also endgültig in eine neue Entwicklungsphase eingetreten, die – mit Blick auf die Vereinigten Staaten – 2012 ihren Anfang nimmt und in der sich Podcasting nun als ein ‚digitales Massenmedium' darstellt. Bonini skizziert die Entwicklungsgeschichte als Transformation des Mediums von einem Amateur-, Nischen- bzw. Graswurzelmedium über die Professionalisierung seitens institutioneller AkteurInnen, allen voran der etablierten Medien, hin zu einem kommerziellen Massenmedium, das sich einen eigenständigen Markt und neue Geschäftsmodelle geschaffen hat.[108]

> This phase, which I will call „the second age of podcasting", is characterised by the transformation of podcasting into a commercial productive practice and a medium for mass consumption, and it began in the United States in 2012 with the launch of the first business models that were able to support the independent production and consumption of sound content distributed through podcasting.[109]

Dieses zweite Zeitalter beginnt in dem Moment, als sich einige der erfolgreichsten Podcasts der öffentlichen (amerikanischen) Sendeanstalten (*99% Invisible*, *Radio Ambulante*, *Radio Diaries*) von ihren bisherigen Arbeit- und GeldgeberInnen lösten und sich mittels Plattformen wie *Kickstarter* über Crowdfunding-Modelle zu finanzieren begannen.[110] In den Folgejahren entwickelte sich ein unabhängiger Markt für Podcasts, der neben Crowdfunding noch eine Reihe anderer Geschäftsmodelle wie Spenden, Sponsoring, Abo-Modelle und Werbung hervorbrachte – Finanzierungsmodelle, die im Übrigen alle von Crofts et al. bereits 2005 vorausgedacht wurden.[111] Boninis Ausführungen zeigen zudem, dass die öffentlichen Sendeanstalten bzw. die dort tätigen RadiomacherInnen eine maßgebliche Rolle hinsichtlich der Professionalisierung und Kommerzialisierung von Podcasting gespielt haben: „Public radio in both America and Europe has raised a generation of

---

107 Ebd., 26.

108 Er sieht in dieser Entwicklung im Übrigen eine Parallele zur Geschichte des Rundfunks, vgl. Bonini 2015, 27.

109 Ebd., 22.

110 Vgl. ebd., 25.

111 Vgl. Crofts et al. 2005.

producers of radio formats based on storytelling who are currently moving away to create independent programmes."[112] Bestes Beispiel hierfür ist wiederum *Serial*: Der Podcast ist ein Spin-Off der sehr erfolgreichen Radiosendung *This American Life* des US-amerikanischen Chicago Public Radio, für das die *Serial*-Produzentin und Moderatorin Sarah Koenig ehemals als Radioproduzentin gearbeitet hat.[113] Im Übrigen – so lässt sich seine Beobachtung ergänzen – spielt diese Personengruppe nicht nur eine wichtige Rolle hinsichtlich dieses Entwicklungsschritts, sondern bereits bei der Entstehung des Mediums: Die Gründungsväter waren zum großen Teil professionelle Medienschaffende.

Dieser von Bonini herausgearbeitete Entwicklungsschritt hin zu einem ‚zweiten Zeitalter von Podcasting' lässt sich auf die deutschsprachige Podcastlandschaft ganz analog übertragen – allerdings mit einigen Jahren Zeitverzögerung. In Deutschland lässt sich ein Trend zur Kommerzialisierung und Professionalisierung der Podcastlandschaft spätestens seit 2016 deutlich erkennen. Podcast-Pionier Tim Pritlove spricht in diesem Zusammenhang in seiner ‚State of the Union'-Rede auf der jüngsten Podcast-Konferenz *Subscribe 9* von der „dritten Welle".[114] Die Konferenz selbst illustriert diesen Trend sehr anschaulich, insofern sich Fragen nach nachhaltigen Finanzierungsmodellen und der Weiterentwicklung von Podcasting als Freizeitaktivität hin zum beruflichen Erwerbsfeld als Leitmotiv durch das Programm ziehen. Einige Ereignisse, die paradigmatisch für diese *dritte Welle* stehen, sind u.a. der Wechsel von Jan Böhmermann und Olli Schulz bzw. deren populären Talk-Format *Sanft & Sorgfältig* vom öffentlich-rechtlichen Rundfunk zum Musik-Streamingdienst Spotify im Mai 2016, wo die Sendung jetzt unter dem Namen *Fest und Flauschig* zu finden ist;[115] der Start eines eigenen Podcast-Programms von Amazons Tochterfirme Audible mit 22 Audioproduktionen unter dem Namen ‚audible original podcats' Ende 2017; die Gründung des Podcast-Labels *Viertausendhertz* im Januar 2017; sowie schließlich eine regelrechte Welle an neuen Podcast-Gründungen von ganz unterschiedlichen AkteurInnen, allen voran von etablierten Medienunternehmen (darunter Spiegel-Online, Zeit-Online, Süddeutsche Zeitung und Deutschlandfunk), die zum überwiegenden Teil im Jahr 2017 an den Start gebracht wurden.

---

112 Bonini 2015, 25 f.

113 Der Erfolg von *Serial* ist unmittelbar damit verknüpft, dass *This American Life*-Moderatorin Ira Glass den Podcast in ihrer Sendung bewirbt – wie Bonini (2015, 26) als auch Berry (2015, 174) feststellen.

114 Vgl. Das Sendezentrum 2017.

115 Dieser Wechsel, der gleichsam den medienwirksamen Auftakt des Musik-Streamingdienstes in Deutschland markiert, ihr Angebot um Podcasts zu erweitern, verschaffte dem Medium Podcast insgesamt medial einen erneuten Aufmerksamkeits-Schub. Das Medium steht im medialen Diskurs erneut vor „dem großen Podcast-Durchbruch" (Becker 2016).

An diesen Ereignissen lassen sich eine Reihe von Beobachtungen allgemeiner Art festmachen, die hier abschließend kurz benannt, aber nicht tiefergehend diskutiert werden sollen. Am Wechsel von Böhmermann und Schulz zu Spotify sowie den Bemühungen von Seiten des Hörbuch-Anbieters Audible lässt sich eine einsetzende Verschiebung in Hinblick auf die Marktdominanz im Bereich Podcasting erkennen. Es drängen verstärkt Plattformen auf den Markt und gehen in Konkurrenz zum bislang dominanten öffentlich-rechtlichen Rundfunk. Womit eine Tendenz zu plattformexklusiven Inhalten einhergeht und sich Podcasts damit strukturell von einem bislang offenen hin zu einem geschlossenen Medium wandeln – sofern man bei solchen plattformexklusiven Inhalten überhaupt noch von Podcasts sprechen möchte. Im Grunde mutet es paradox an, im Fall des Wechsels von Böhmermann und Schulz zu Spotify von einem Podcast-Boom zu sprechen, da von Podcasts im eigentlichen Sinne (frei über RSS-Feed abonnierbare Inhalte) nicht mehr die Rede sein kann. Podcasts sind zwar ein nach wie vor dezentral organisiertes Medium, aber die Tendenzen in Richtung einer Monopolisierung – einer Art ‚YouTube-Effekt' – sind zumindest gegeben. Die zunehmende Professionalisierung, die sich exemplarisch in der Gründung von eigens auf Podcasts ausgerichtete Medienunternehmen wie dem Podcast-Label *Viertausendhertz* oder *hauseins* manifestiert,[116] bewirkt in der Tendenz einen Wandel der Podcast-Formate bzw. des Produktionsaufwands: Weg von den sogenannten ‚Laberpodcasts', die mit geringen finanziellen Mitteln und entsprechend häufig mit qualitativen Abstrichen von Privatpersonen produziert werden, hin zu aufwendig und qualitativ hochwertig produzierten Angeboten nach US-amerikanischen Vorbild.[117]

116 Die beiden Label-Gründungen entsprechen im Übrigen Boninis Beobachtung: Auch hier sind es erfahrene (Radio-)JournalistInnen, die damit unabhängige Wege gehen.

117 Steve Bowbrick (2018) spricht in diesem Zusammenhang von einer neuen „symphonic era".

4. Politik-Podcasts in Deutschland – ein Überblick

Das Podcast-Angebot in Deutschland zeichnet sich im Ganzen durch eine breite Vielfalt und Heterogenität hinsichtlich der AkteurInnen, Themen, Formate und Produktionsarten sowie der Funktionen oder Einsatzzwecke aus. Diese Vielschichtigkeit bildet sich auch im Kleinen mit Fokus auf das Genre der Politik-Podcasts ab. Dieses Kapitel soll einen Überblick über die politische Podcast-Landschaft geben, wobei kein Anspruch auf eine erschöpfende Auflistung oder Systematisierung des gesamten Angebots erhoben wird.

Für eine solche Darstellung ist in einem ersten Schritt zunächst zu klären, welche Podcasts überhaupt unter den Begriff der Politik-Podcasts fallen bzw. anhand welcher Kriterien sie als solche auszumachen sind. Damit ist die Frage nach der Abgrenzung politischer von nicht-politischer Kommunikation berührt, die „sowohl an den Kommunikatoren und ihren Absichten, den Kommunikationsinhalten als auch der Nutzung und Wirkung bei den Rezipienten festgemacht werden [kann]".[118] Mit Blick auf die KommunikatorInnen stehen üblicherweise die traditionellen im politischen System eingebundenen AkteurInnen – also Parteien, PolitikerInnen oder diverse Organisationen – im Fokus. Die Kommunikationsinhalte richten sich entsprechend im Wesentlichen an aktuellen Themen des internen Politikbetriebs aus. Podcasting, das hat das vorangegangene Kapitel gezeigt, bringt nun eine andere Akteursgruppe, nämlich die der privat agierenden Einzelpersonen, mit auf die Bühne der politischen Kommunikation. So verschieden die Individuen und deren Ambitionen und Absichten sind, so heterogen sind auch die Themeninhalte. Podcast als Nischenmedium umfasst eine immens große Bandbreite an Themen wie Medien, Feminismus, soziale Gerechtigkeit, Sport, Nachhaltigkeit, Wissenschaft usw., die mitunter auch unter politischen Gesichtspunkten verhandelt werden – ohne dass es sich per se um eine als ‚Politik-Podcast' gelabelte Produktion handelt. Welche Inhalte überhaupt als politisch angesehen werden, hängt maßgeblich vom Politikbegriff ab. „Im Gegensatz zu einem engen Politikbegriff sieht ein weiter Politikbegriff keinen gesellschaftlichen Bereich von vornherein als unpolitisch an […], denn das Zusammenleben von Menschen und jede Verbindung zwischen ihnen gilt als potentiell politisch."[119] In diesem Sinne wäre das Angebot politischer Podcasts immens groß, da die in Privatproduktionen besprochenen Inhalte – Lebensweisen, Erfahrungen und Erlebnisse im beruflichen und sozialen Umfeld usw. – immer auch von politischen Themen bzw. politischen Gesetzgebungen und Entscheidungen berührt sind.[120]

118 Donges/Jarren 2017, 6.

119 Drüeke 2013, 24.

120 Hierbei könnte es ein interessantes Unterfangen sein, einen Überblick über die Politikfelder, die sich in der deutschen Podcastlandschaft abbilden, herauszuarbeiten.

Der hier erfolgende Überblick legt ein etwas engeres Verständnis von politischer Kommunikation zugrunde und fokussiert auf Podcasts, die sich selbst in mehr oder weniger expliziter Weise als politische Podcasts verstehen bzw. als solche gekennzeichnet sind. Die Systematisierung soll im Folgenden in Anlehnung an zwei Modelle erfolgen, anhand derer sich das Angebot nach Akteurstypen ausdifferenzieren lässt. Der Podcast-Typologie von Niemann zufolge gilt „derjenige Akteur als Bezugsgröße [...], der den Podcast inhaltlich verantwortet".[121] Er unterscheidet zwischen zwei Akteurstypen: der *Natürlichen* und *Juristischen Person,* die sich jeweils noch in weitere Subtypen aufgliedern. Die Kategorie der *Natürlichen Person* unterteilt Niemann in die Subkategorien *Profi* und *Amateur*, die sich durch den „Grad der kommerziellen Intention der jeweiligen natürlichen Person(en) hinsichtlich des eigenen Podcasts"[122] voneinander unterscheiden. Profis haben ein kommerzielles Interesse, Amateure verfolgen ein solches wiederum nicht. Diese beiden Subkategorien werden jeweils noch einmal anhand des Kriteriums der Qualifikation unterschieden: „Eine Person soll dann als qualifiziert angesehen werden, wenn sie entweder eine wie auch immer geartete journalistische bzw. PR-Ausbildung absolviert hat (Studium, Volontariat, etc.) oder über erwähnenswerte Praxiserfahrung im Bereich Journalismus oder PR verfügt."[123] In der Ausdifferenzierung der Kategorie *Juristische Personen* beschränkt sich Niemann auf die für sein Forschungsinteresse relevanten Bereiche: privatwirtschaftliches Unternehmen, öffentlich-rechtlicher Rundfunk, Kirche und politische Institution.[124] Allerdings ließe sich grundsätzlich „jeder denkbare Typus einer juristischen Person als Subkategorie dieser Kategorie bilden [...]".[125] In Anlehnung an Niemanns Modell nehmen Esther Dorn-Fellermann und Alexander Thieme (2011) eine kategorielle Unterteilung in *Private* und *Institutionelle Podcasts* vor, bei der das Modell um eine funktionale Differenzierungsebene ergänzt wird. Private Podcasts, als „[v]on Privatpersonen zuhause am eigenen Rechner produzierte Audiodateien"[126], erfüllen vorrangig eine Artikulationsfunktion (das in die Öffentlichkeit Tragen der eigenen Meinung) oder die Funktion eines Nischen- und Alternativmediums (die Thematisierung von im Mainstream vernachlässigten Themen). Institutionelle Podcasts, die eben nicht von Privatpersonen, sondern von Institutionen verantwortet werden, unterscheiden sich von erster Kategorie durch eine anders gelagerte Funktionsbestimmung: „Im Vordergrund stehen bei den institutionellen

121 Niemann 2007, 23.

122 Ebd.

123 Ebd., 24.

124 Vgl. Ebd., 26.

125 Ebd.

126 Dorn-Fellermann/Thieme 2011 253.

Podcastern – insbesondere bei jenen des klassischen Rundfunkbetriebs – das Erreichen anderer Zielgruppen über neue Ausspielwege sowie die Archivfunktion des Podcasts."[127]

Im Folgenden soll die begriffliche Differenzierung zwischen privaten und institutionellen Podcasts in Anlehnung an Dorn-Fellermann/Thieme übernommen werden. Auf Seiten der Privaten Podcasts wird in Anlehnung an Niemann zwischen *qualifizierten* und *nicht qualifizierten* AkteurInnen (Grad der Medienerfahrung) unterschieden. In der Ausdifferenzierung der institutionellen Podcasts interessieren hier insbesondere drei Bereiche: Parteien und PolitikerInnen, etablierte Medienunternehmen (Verlage, öffentlich-rechtlicher Rundfunk) sowie politische bzw. zivilgesellschaftliche Organisationen (Stiftungen, Nichtregierungsorganisationen usw.). Die beiden Akteurstypen sollen abschließend auf der funktionalen Ebene vergleichend nebeneinandergestellt werden.

4.1 Institutionelle Podcasts

Mit Blick auf die Parteien und PolitikerInnen wird relativ schnell ersichtlich, dass das Medium Podcast zu keinem bevorzugten Kommunikationskanal avanciert ist. Neue Medien werden insbesondere zum Zeitpunkt von Wahlkämpfen, die „[s]eit Mitte der 1990er Jahre [...] als Modernisierungsmotor politischer Kommunikation in neuen Medien [fungieren]"[128], von politischen AkteurInnen für ihre Zwecke entdeckt. So auch im Wahljahr 2005, also in der unmittelbaren Entstehungszeit und im Zuge des ersten Podcast-Hypes.

> Für das Jahr 2005 setzten in der Zeit zwischen der Landtagswahl in Nordrhein-Westfalen am 22. Mai und den vorgezogenen Neuwahlen des Bundestages am 18. September vor allem Weblogs und vereinzelt auch Podcasts die technologie-getriebenen Akzente bei der Gestaltung der Wahlkampfkommunikation.[129]

Den Anfang machte die Junge Union Hessen mit *JUcast*. Auf Seiten der Politiker haben sich Volker Kauder (*iKauder*) und Helge Braun (*iBraun*) Podcasts als Medium der Wahlkampfkommunikation zu Nutze gemacht.[130] Diese Angebote konnten sich jedoch nicht verfestigen und sind nach kurzer Zeit klanglos wieder verschwunden. Im Juni 2006 ist die Bundeskanzlerin Angela Merkel mit ihrem wöchentlichen und bis heute bestehenden Podcast *Die Kanzlerin direkt* online gegangen, bei dem es sich aber um einen *Video*-Podcast handelt, der im Grunde wenig mit den Charakteristiken von Podcasting gemein hat. Mit Blick auf die jüngste Bundestagswahl 2017 haben sich die Freien Demokraten den erneuten

---

127 Ebd.

128 Bieber 2006, 60.

129 Ebd.

130 Vgl. Meyer/Bieber 2005.

Aufschwung des Mediums versucht zu eigen zu machen. Mit ihrem ‚Podcast' *#FDPod* haben sie allerdings ein Paradebeispiel für mangelndes Medienverständnis bewiesen. Das Konzept erschöpft sich darin, dass das Parteiprogramm von wechselnden KandidatInnen der Liberalen Wort für Wort vorgelesen wird. Das Konzept mag unter dem Aspekt der Barrierefreiheit auf den ersten Blick noch positiv gewertet werden (allerdings hat dafür bereits der Digitalverband bitkom mit dem Podcast *Politik auf die Ohren* vorgesorgt, in dem die Wahlprogramme aller Parteien eingesprochen werden), unterwandert diesen vermeintlichen Beitrag jedoch gleich wieder, indem die bis zu 25 Minuten langen Episoden durchgängig mit derselben, wenig eingängigen Musik (in Dauerschleife) unterlegt sind.

Bei einer tiefergehenden Recherche lassen sich noch vereinzelt Podcasts von PolitikerInnen finden. Zum Beispiel vom ehemaligen Piraten- und späteren SPD-Politiker Christopher Lauer, der seit 2012 in *Lauer informiert* mehr oder weniger regelmäßig (zwischen 2014 und 2016 mit einer zweijährigen Pause) über seine politische Arbeit spricht. Seit Anfang 2018, etwa zeitgleich mit Bekanntmachungen der Beendigung seiner politischen Karriere,[131] diskutiert er nun regelmäßig zusammen mit dem Rechtsanwalt Dr. Ulrich Wehner über aktuelle politische Themen. Ein anderes Beispiel ist der Mitte 2016 initiierte Podcast *Politik trifft Leben* (später unter dem Titel *Mitten im Leben*) rund um das Thema Alten- und Pflegepolitik von Elisabeth Scharfenberg, die zu diesem Zeitpunkt Sprecherin für Pflege -und Altenpolitik der Bundestagsfraktion von Bündnis 90/Die Grünen war. Grundsätzlich erweisen sich Podcasts jedoch als ein wenig frequentiertes Medium von PolitikerInnen oder Parteien. Visuelle Kanäle, insbesondere die meist genutzten Social Media Plattformen wie Facebook, Instagram, YouTube oder Twitter, werden deutlich bevorzugt. Damit wird tendenziell eine verknappte Form der Kommunikation bemüht, worin ein erster Grund liegen könnte, warum sich Podcasting bisher nicht durchsetzen konnte: Eine visuell-bildliche Inszenierung auf Instagram ist im Zweifel schneller und wirkungsvoller zu realisieren als ein auf Länge, Gespräch und Inhalt setzendes Format wie Podcast.

Die Bundeszentrale für politische Bildung (bpb) hat zur Bundestagswahl 2017 den Podcast *Wahlkabine* herausgebracht, in dem der Moderator Martin Fuchs mit Politik- und MedienwissenschaftlerInnen in sieben Folgen über Themen rund um Wahlen im Allgemeinen und über die aktuelle Bundestagswahl im Konkreten spricht. Zu Wort kommen die PolitikwissenschaftlerInnen Thorsten Faas, Karl-Rudolf Korte, Christoph Bieber, Stefan Marschall und Evelyn Bytzek sowie die MedienwissenschaftlerInnen Jasmin Siri und Jan-Hinrik Schmidt.

2017 haben eine ganze Reihe etablierter Medienunternehmen – Verlage wie auch der öffentlich-rechtliche Rundfunk – das Medium Podcast für sich entdeckt und eigene Produktionen zu unterschiedlichen Themen herausgebracht, u.a. im

131 Vgl. Lauer 2018.

Themenbereich Politik. Auf Seiten der Verlage ist Spiegel Online einer der ersten, der im März 2017 in Begleitung eines großen Medienechos den Podcast *Stimmenfang – der Politik-Podcast* veröffentlicht hat. Der von den Spiegel Online Redakteurinnen Yasemin Yüksel und Sandra Sperber moderierte Podcast steht zu Beginn explizit im Kontext des ‚Superwahljahres 2017' und soll ein halbes Jahr vor der Bundestagswahl die Geschehnisse und Stimmungen im Land bis zur Wahl im Rahmen dieses wöchentlich erscheinenden Formats begleiten. Der Podcast wurde auch nach der Wahl mit einem erweiterten Themenspektrum weitergeführt. Die durchschnittlich 30-minütigen Episoden sind aufwendig und professionell produziert und erinnern stilistisch an ein klassisches Radio-Feature.

Ein wiederkehrendes Format, das sich im Podcast-Angebot der Verlage findet, ist das eines werktäglichen Nachrichtenpodcasts. Vorreiter ist hier die Rheinische Post mit dem *Aufwacher*-Podcast, der bereits Ende 2016 an den Start ging und seitdem täglich morgens um 7 Uhr die wichtigsten Themen des Tages mit regionalem Bezug zusammenfasst. Zudem veröffentlichen Zeit Online (*Was jetzt?*) und die Süddeutsche Zeitung (*Auf den Punkt*) einen eigenen Nachrichtenpodcast. Die Produktionen ähneln sich hinsichtlich Episodenlänge (10-15 Minuten), Veröffentlichungsfrequenz (täglich) und Machart. Die wichtigsten Themen des Tages werden kurz zusammengefasst, wobei ein bis zwei Themen herausgegriffen und in Gesprächen mit KollegInnen des jeweiligen Medienhauses ausführlicher besprochen werden. Der Rheinische Post *Aufwacher* hebt sich im Vergleich etwas ab, da hier im Unterschied zu den wechselnden ModeratorInnen bei der Süddeutschen Zeitung und Zeit Online ein fester Moderator, Daniel Fiene, dem Podcast eine vertraute Stimme verleiht. Der *Aufwacher* ist bis auf eine podcasttypisch lockere Sprechweise kaum von den morgendlichen Lokalnachrichten im Radio zu unterscheiden, wohingegen bei *Was jetzt?* und *Auf den Punkt* der Wechsel von text- und schreiberfahrenen AutorInnenen zur auditiven Berichterstattung hörbar ist.

Neben dem Nachrichtenformat führen die Süddeutsche Zeitung und Zeit Online beide jeweils noch einen weiteren Podcast mit politisch-gesellschaftlicher Themensetzung. Die Süddeutsche Zeitung nahm ihre groß angelegte Recherche zu den Paradise Papers als Startpunkt für *Das Thema*, einen 30-minütigen Podcast, der einmal wöchentlich erscheint. Das Konzept sieht vor, dass ein wöchentlicher Themenschwerpunkt der Süddeutschen herausgegriffen und von der Moderatorin Laura Terberl zusammen mit den jeweils verantwortlichen SZ-AutorInnen diskutiert wird. Dabei sollen vor allem die Hintergründe zur jeweiligen Recherche beleuchtet werden. Zeit Online hat sich mit ihrem transalpinen Politikpodcast *Servus. Grüezi. Hallo.* für eine weniger aufwendige Produktionsart entschieden. In einem für Podcasts typischen Gesprächsformat spricht der Zeit Online-Redakteur Lenz Jacobsen mit den beiden Zeit-Korrespondenten aus Wien und Zürich Florian Grasser und Matthias Daum im wöchentlichen

Rhythmus über die Gemeinsamkeiten und Unterschiede der politischen und gesellschaftlichen Geschehnisse und Zustände in der Schweiz, in Österreich und Deutschland. Das Gespräch folgt zwar einem klaren und stetigen Aufbau – zwei Themenblöcke und zwei Kategorien (‚Diese SchweizerIn respektive ÖsterreicherIn sollten sie kennen' und ‚Die spinnen die SchweizerInnen respektive ÖsterreicherInnen') – ist dabei aber angenehm offen und frei in der Gesprächsführung. Auf der konzeptionell-inhaltlichen Ebene stellt *Servus. Grüezi. Hallo.* mit der Idee, die politischen Themen in Deutschland mit Blick auf die deutschsprachigen Nachbarländer zu beleuchten, bislang einen der originellsten Podcasts im Angebot der Verlage dar.

Der öffentlich-rechtliche Rundfunk verfügt in einer Hinsicht über ein sehr großes Angebot an politischen Podcasts, wenn die Zweitausspielungen der üblichen politischen *On Air*-Sendeformate mit in den Blick genommen werden. Da sich der Sinn von Podcasting hierbei aber in der technischen Verwendung als zusätzlicher Distributionskanal erschöpft, sollen diese Angebote an dieser Stelle außen vor bleiben. Bei den Produktionen, die über die Zweitverwertung hinausgehen, lichtet sich das Feld recht schnell. Drei ‚Podcast only'-Formate des öffentlich-rechtlichen Rundfunks heben sich diesbezüglich hervor, von denen zwei vom Deutschlandfunk verantwortet werden. Der erste, unter dem pragmatischen Titel *Der Politikpodcast,* ging im Juni 2017, wenige Monate vor der Bundestagswahl an den Start. In einem relativ unregelmäßigen Veröffentlichungsrhythmus diskutieren wechselnde KorrespondentInnen des Deutschlandradios im Berliner Hauptstadtstudio die aktuellen politischen Geschehnisse im Bundestag. Über die inhaltliche Auseinandersetzung hinaus ist es Idee und Ziel des Podcasts, Einblicke hinter die Kulissen zu geben: „Was diskutieren Korrespondenten untereinander über Politik? Wie arbeiten sie eigentlich? Der Politikpodcast aus dem Hauptstadtstudio des Deutschlandfunks schildert Eindrücke, Einschätzungen und Erlebnisse der Korrespondenten."[132] Die ZuhörerInnen werden sozusagen mit an den Konferenztisch geholt und wohnen den internen Diskussionen bei, die praktischerweise „meist in einem Studio stattfinden, bei dem man eigentlich nur noch die Regler hochziehen müsste".[133] Wie authentisch die Gesprächsausschnitte tatsächlich sind, an denen sie die Öffentlichkeit teilhaben lassen, ist von außen schwer einzuschätzen, sie wirken in jedem Fall nicht eigens inszeniert. Das Format kennzeichnet sich durch eine hohe Informationsdichte, Sachkompetenz und kontroverse Diskussionen, bei denen die Tonlage zumeist professionell-seriös bleibt, aber auch Raum für etwas lockere Zwischentöne lässt. Inhaltlich sind die in der Regel 20-25-minütigen Episoden, die auch mal 45 Minuten andauern können, recht voraussetzungsreich.

132 Steiner 2017.

133 Ebd.

Im September 2017, also wenige Monate nach Erscheinen des *Politikpodcast*, ist mit *Deutschlandfunk Der Tag* zudem ein täglich erscheinender Nachrichtenpodcast an den Start gegangen, der von den vier ModeratorInnen Ann-Kathrin Büüsker, Dirk-Oliver Heckmann, Philipp May und Sarah Zerback im Wechsel präsentiert wird. In den durchschnittlich 20-minütigen Episoden werden in der Regel zwei tagesaktuelle Themen aufgegriffen und tiefergehend diskutiert und eingeordnet. „,Was heißt das?' und ,Warum passiert das?' sind die Leitlinien unseres neuen Podcasts ,Der Tag'."[134] Die ModeratorInnen suchen dabei das Gespräch vor allem mit RedakteurInnen und KorrespondentInnen vom Deutschlandfunk oder anderen Medienhäusern, die mit dem jeweils besprochenen Thema besonders vertraut sind. Der Charakter der Gespräche ist je nach ModeratorIn und Thema verschieden: Es ähnelt häufig einem klassischen Interview-Format, bei dem der Moderator oder die Moderatorin die Rolle des oder der Fragestellenden einnimmt. Die Gespräche können aber auch vielmehr konfrontativ ablaufen, bei denen die ModeratorInnen mit einer klaren These ins Gespräch gehen. Insgesamt lässt ihnen das Format viel Frei- und Spielraum, um – und so ist es explizit angelegt – ihre je eigene Persönlichkeit und Themensetzung einbringen zu können. Damit heben sie sich bewusst vom üblichen Sendeprogramm und Ton des Deutschlandfunks ab.[135] Deutschlandradio-Programmdirektor Andreas-Peter Weber wird in der Pressemitteilung zum Start des Podcasts mit den folgenden Worten zitiert:

> Das neue Podcast-Angebot ,Der Tag' bringt die Informationskompetenz von Deutschlandfunk an eine mobilere Zielgruppe. ,Der Tag' präsentiert die wichtigsten Themen des Tages persönlicher, hintergründiger und unkonventioneller als ein klassisches Nachrichtenformat und transportiert die Stärken von Deutschlandfunk in die digitale Welt.[136]

Einen gänzlich anderen Weg schlägt das Radioprogramm des Rundfunk Berlin-Brandenburg (RBB) radioeins mit dem Podcast *Politricks* ein. Der seit Februar diesen Jahres monatlich erscheinende Podcast wird von Pierre Baigorry – besser bekannt unter seinem Musikernamen Peter Fox – produziert und moderiert. In den einstündigen Episoden führt Baigorry Interviews mit ExpertInnen zu Themen, die ihn selbst umtreiben. In den bislang erschienenen Folgen ging es um gerechte Steuerpolitik, Nachhaltigkeit und grünes Wachstum. Radioeins setzt also

134 Büüsker 2017.

135 Zwei interessante Folgen, die aus dem üblichen Schema herausfallen, sind z.B. die Episode vom 25.09.2018 ,Ein Jahr „Der Tag" – Wie eine Podcast-Episode entsteht', in der Deutschlandfunk-Redakteur Sandro Schroeder der *Der Tag*-Moderatorin Ann-Kathrin Büüsker bei ihrem Tages- und Arbeitsablauf über die Schulter schaut. Sowie die Folge vom 03.09.2018 ,Der Tag – Wir müssen reden', in der Ann-Kathrin Büüsker und Philipp May in Reaktion auf das zahlreiche und kontroverse Feedback der Hörerschaft über eine der vorangegangenen Episoden reflektieren, in der Herr Müller von Pegida interviewt wurde.

136 O.V. (2017): Pressemitteilung: Deutschlandfunk startet neuen Podcast „Der Tag".

bewusst auf eine journalistisch und im politischen Betrieb unerfahrene Person, die dafür einer breiten Zuhörerschaft bekannt sein dürfte, und macht diese vermeintliche Bürgernähe bzw. das suggerierte Verhältnis zwischen Moderator und HörerInnen auf Augenhöhe zum Aushängeschild: „Das ist gerade der Trick dieses neuen einstündigen Podcasts: ‚Ich stelle normale Fragen, die viele von Euch auch haben. Oder manche von Euch vielleicht auch nicht, weil die Zeit fehlt, sich um solche Sachen zu kümmern.'"[137]

Als Subkategorie institutioneller Podcasts sind abschließend noch politische oder zivilgesellschaftliche Organisationen, Stiftungen, Vereine, Verbände, NGOs o.ä. zu nennen, deren Arbeit eine klar politische Ausrichtung hat. Die der Partei Bündnis 90/Die Grünen nahestehende Heinrich-Böll-Stiftung führt zum Beispiel unter einer ganzen Reihe von Podcasts eine internationale, geschlechterpolitische Podcast-Reihe (*Our Voices, our Choices*) über Frauen- und LGBTI-Menschenrechte sowie einen Gesprächs-Podcast mit dem Schwerpunkt Europapolitik (*fokus europa)*. Es finden sich zudem Podcasts im Medienangebot bekannter NGOs wie Amnesty International (*Amnesty Journal Podcast)* oder Greenpeace *(Greenpeace Greencast*), mit denen sie ihre Arbeit und Aktionen vorstellen und begleiten.

4.2 Private Podcasts

Bei JournalistInnen hat sich Podcasting als probate Möglichkeit erwiesen, unabhängig von den vorgegebenen Strukturen der Medienhäuser ihre Meinungen und Inhalte über diesen zusätzlichen Kommunikationskanal in die Öffentlichkeit zu tragen. Oder sich – wie z.B. im Fall der Gründung der Podcast-Label *Viertausendhertz* oder *hauseins* – ein neues Standbein und ganz eigene Strukturen zu schaffen. Vier populäre Beispiele mit einer explizit politischen Themensetzung sind der Podcast *Lage der Nation* von Philip Banse und Ulf Buermeyer, der in den folgenden beiden Kapiteln noch ausführlich besprochen wird; der *Aufwachen*-Podcast von Tilo Jung und Stefan Schulz; das *Logbuch:Netzpolitik* von Tim Pritlove und Linus Neumann; und schließlich der *Schulzcast* von Christian Schiffer und Christian Alt. Bei allen genannten Beispielen sind entweder alle Beteiligten oder zumindest einer der Moderatoren als Journalist, einige davon als Hörfunkjournalist, tätig. Die Art und Weise, in der sie den Kommunikationskanal für sich nutzen und gestalten, ist dabei jeweils recht verschieden. Mit Blick auf die thematische Schwerpunktsetzung legt der von den genannten Beispielen seit 2011 am längsten bestehende Podcast *Logbuch:Netzpolitik*, wie der Name schon verrät, seinen Fokus auf netzpolitische Themen. *Lage der Nation* (seit 2016) wie auch *Aufwachen* (seit 2015) besprechen und kommentieren ausgehend von der Nachrichtenlage in den etablierten Medien das breite tagesaktuelle Politikgeschehen im In- und Ausland. *Aufwachen* legt dabei im stärkeren Maße einen

137 O.V.: Politricks. Mit Pieree Baigorry (Peter Fox).

medienkritischen Schwerpunkt, d.h., sie kommentieren insbesondere die Art und Weise, in der in den Nachrichten das politische Geschehen dargestellt wird. Der im Kontext des Wahljahrs 2017 entstandene *Schulzcast* befasst sich allein mit Martin Schulz und dem Wahlkampf der SPD und wurde nach der Bundestagswahl nach neun Folgen eingestellt. Alle genannten Angebote lassen sich per se als Talk-Formate beschreiben, in denen die Moderatoren persönlicher, freier und meinungsstärker auftreten als sie das üblicherweise in den klassischen Publikationsformaten tun. Die Art und Weise der Gesprächsführung, die Tonlage usw. sind der jeweiligen Persönlichkeit entsprechend sehr verschieden.

Mit Blick auf die von hörfunkerfahrenen Personen gegründeten Podcast-Label *Viertausendhertz* und *hauseins* lassen sich auch hier Formate mit politischer Ausrichtung finden. In dem bei hauseins publizierten Podcast *Wochendämmerung*, moderiert von der hauseins-Gründerin Katrin Rönicke und dem langjährigen Rundfunkmoderator und Podcaster Holger Klein, werden einmal wöchentlich die aktuellen politischen Ereignisse der Woche im Rückblick zusammengetragen und durch persönliche Einschätzungen und Analysen kommentiert. Viertausendhertz produziert keinen eigenständigen Politik-Podcast, aber in ihren zwei Interview-Podcasts *Elementarfragen*, moderiert von Nicolas Semak, und *Durch die Gegend*, moderiert von Christian Möller, kommen immer wieder auch PolitikerInnen zu Wort, darunter Julia Reda,[138] Claudia Roth, Christopher Lauer, Marina Weisband, Volker Beck, Gregor Gysi und Robert Habeck. Das Medium erweist sich hier durchaus als Format, das PolitikerInnen einen anderen, allein schon durch die Länge ungewohnten Gesprächsrahmen steckt, der darauf abzielt, einen persönlichen Zugang zur Person zu erhalten.[139] Wie schwierig es dennoch sein kann, einen medienerfahrenen Berufspolitiker in einem Podcast zu interviewen, zeigt exemplarisch und sehr anschaulich die *Durch die Gegend*-Folge mit Gregor Gysi, in der der Moderator am Ende der Episode das mehr oder weniger geglückte Interview im Gespräch mit seinen Kollegen noch einmal reflektiert.[140]

Politik-Podcasts von nicht qualifizierten AkteurInnen, also von Einzelpersonen ohne explizite Berufserfahrung im Bereich Medien bzw. (Hörfunk-)Journalismus werden zu einem Großteil von Personen mit einer *politischen* Qualifizierung produziert. Die ModeratorInnen und ProduzentInnen Vincent Venus

138 Beim Interview mit Julia Reda wird im Gesprächseinstieg interessanterweise genau die Frage thematisiert, inwiefern BerufspolitikerInnen überhaupt geeignete GesprächspartnerInnen in einem solchen Format sind. Dem Eindruck des Moderators Nicolas Semak nach stünde die Loyalität gegenüber der Partei einem offenen Gespräch oftmals im Wege. Vgl. Semak 19.06.2017, [00:01:37-00:04:05].

139 Ein gutes Beispiel hierfür ist das Interview, das Matze Hielscher mit Heiko Maas in seinem Interview-Podcast *Hotel Matze* führt. Am Ende des Gesprächs merkt Maas an, dass das das längste Interview seiner Amtszeit gewesen sei und er „selten mal so entspannt und grundlegend auch über ein paar Dinge reden“ konnte. Vgl. Hielscher 16.08.2017 [1:11:09-1:11:40].

140 Vgl. Möller 11.07.2018.

und Tanja Hille von *Y Politik*, Gregor Schwung von *6 Minuten Politik* und Jenny Günther von *Einmischen! Politik Podcast* haben alle ein politikwissenschaftliches Studium absolviert bzw. waren oder sind in der politischen Arbeit aktiv. Der Podcast *Y Politik* verhandelt seit November 2017 alle zwei Wochen politisch und gesellschaftlich relevante Fragen und Themen abseits der Tagespolitik, z.B. zum politischen Einfluss von Serien und Hörspielen, den Ausbeutungsmechanismen der On-Demand-Economy oder zum politischen Framing. Die 50-minütigen Folgen sind gut recherchiert und aufwendig aufbereitet: Nach einer kurzen Einführung nehmen die beiden ModeratorInnen eine jeweils unterschiedliche Perspektive ein, unter der sie das Thema diskutieren. Jede Folge endet mit eine ‚Zugabe', in der den HörerInnen zum jeweiligen Thema praktische Tipps, Buchempfehlungen oder ähnliches mit auf den Weg gegeben werden. Der Politikwissenschaftsstudent Gregor Schwung betreibt mit seinem Podcast *6 Minuten Politik* ein für das Medium untypisch kurzes Format. Seit April 2017 bricht er jede Woche ein aktuelles Thema auf sechs Minuten herunter. In einem ausformulierten und gut zu verfolgenden Monolog liefert er in der Kürze der Zeit Einordnungen und Erklärungen zu den Hintergründen und Zusammenhängen von politischen Ereignissen und Entscheidungen. Im Gegensatz dazu setzt Jenny Günther in ihrem seit Januar 2018 erscheinenden Podcast *Einmischen! Politik Podcast* in zum Teil zwei bis drei-stündigen Episoden auf einen sehr ausführlichen Kommentar zum politischen Betrieb. Günther, bis 2015 stellvertretende Vorsitzende der Jungen Union Brandenburg mit anschließendem Wechsel in die AfD, ist medial vor allem durch ihren Erfahrungsbericht als AfD-Mitglied und ihren Ausstieg aus der Partei bekannt geworden.[141]

Unter den Podcasts von Personen ohne politikwissenschaftlichen Hintergrund oder Erfahrungen im politischen Betrieb finden sich zwei Angebote, die zwei neue und interessante Perspektiven einbringen. Toby Baier, Informatiker und insbesondere bekannt durch seinen *Einschlafen*-Podcast, setzt sich in *Aus dem Hintergrund* mit dem Thema der Zweitstimme bei Wahlen auseinander. Er führt Interviews mit KandidatInnen, die einen der hinteren Listenplätze haben, um „die Menschen, über deren Mandat unsere Zweitstimmen entscheiden, besser kennenzulernen".[142] Der *Junge Politische Podcast* von Roman und Simon bringt nicht so sehr über die Themensetzung eine neue Perspektive ein als vielmehr über ihr Alter. Hier sprechen zwei junge YouTuber, die das Medium Podcast als einen weiteren Kanal für ihre Inhalte entdeckt haben, über das aktuelle politische Geschehen in Deutschland und der Welt. Ihr Podcast gewann 2017 beim *Ihr hier – Young Media Award* in der Kategorie ‚Best in Content'.

Insgesamt zeigt sich, dass der überwiegende Teil der Politik-Podcasts in Deutschland in den letzten beiden Jahren, vor allem im Jahr 2017 und oftmals

141 Vgl. Günther 2017.

142 Baier (o.D.).

explizit im Kontext und in Bezug zur Bundestagswahl ins Leben gerufen wurde. Dabei erweist sich das Angebot hinsichtlich der bemühten Formate als relativ homogen, gerade Talk- und Interview-Podcasts dominieren die mehrheitlich von Männern moderierten Produktionen.[143] Der hier erfolgte Überblick konnte zwar eine ganze Reihe an Politik-Podcasts listen, jedoch wird mit Blick auf andere Genres und Kategorien – Lifestyle, Filme und Serien, Sport und Freizeit o.ä. – schnell ersichtlich, dass das Angebot relativ dazu überschaubar ist. Zudem fällt im Vergleich zu Produktionen in den USA, wo Podcasting eine wesentlich größere Bedeutung zukommt, das Angebot hierzulande sehr gering aus.[144]

Auf der funktionalen Ebene und in Anlehnung an die erörterte Unterscheidung von Dorn-Fellermann/Thieme zwischen privaten und institutionellen Podcasts stellt sich das Angebot an Politik-Podcasts dieser beiden Akteursgruppen abschließend wie folgt dar. Ihnen ist gemein, dass sie mit ihren Medienangeboten ihre Hörerschaft über politische Themen und Ereignisse informieren als auch mit ihren Formaten unterhalten möchten (Informations- und Unterhaltungsfunktion). Dorn-Fellermanns/Thiemes Position, dass private AkteurInnen Podcasts vor allem nutzen, „um ihre eigenen Meinung zu bestimmten Themen zu veröffentlichen oder um Nischen zu füllen, indem sie vom Mainstream vernachlässigte Themen aufgreifen“[145], wohingegen es institutionellen AkteurInnen primär um die Erschließung neuer Zielgruppen über einen neuen Ausspielweg geht, kann hier bestätigt werden. Gerade privat agierende JournalistInnen scheinen Podcasts als Möglichkeit zur Artikulation ihrer persönlichen Meinungen zu nutzen, die sie in dieser Form im Rahmen ihrer üblichen Arbeit nicht einbringen können. Die Thematisierung von im Mainstream vernachlässigter Inhalte lässt sich hier zwar nicht nachvollziehen – viele der privaten Podcasts nehmen vielmehr die mediale Berichterstattung als Grundlage der Diskussionen –, das liegt aber vor allem am engeren Politikverständnis, das dem Überblick zugrunde gelegt wurde. Den hier vorgestellten privaten Produktionen lässt sich vielmehr noch ergänzend eine Kritik- und Kontrollfunktion zuschreiben: Die Berichterstattung in den eta-

143 Ein narratives Format einer weiblichen Produzentin hätte es beinahe gegeben, wenn sich die Finalisten Elisabeth Veh im Rahmen eines Podcast-Wettbewerbs vom Bayerischen Rundfunk gegen ihre Konkurrenz hätte durchsetzen können. Die Pilotfolge der angedachten Podcast-Reihe über Deutschland im Wahljahr 2017, in der sie zwei Abgeordnete während ihres Wahlkampfs begleiten wollte, ist hier zu hören: https://callforpodcast.de/ (aufgerufen 12.10.2018).

144 In den USA haben Politik-Podcasts insbesondere nach der Wahl von Donald Trump zum Präsidenten der Vereinigten Staaten einen Aufschwung erlebt; einige haben sich explizit als Reaktion auf die Wahl Trumps gegründet. Zwei prominente Beispiele sind der Nachrichtenpodcast *The Daily* der New York Times sowie *Pod Save America* des Medienunternehmens Crooked Media. Jaime Fuller (2018) hat sich für das Magazin Politico eigens mit dem Angebot an „Trump-Themed-Podcasts“ befasst.

145 Dorn-Fellermann/Thieme 2011, 253.

blierten Medien ist oftmals Ausgang bzw. Gegenstand der Kritik und Diskussionen, in diesem Sinne ist ein Großteil der Politik-Podcasts immer auch selbstreferenziell. Auf institutioneller Seite erscheint über das Erreichen neuer Zielgruppen vor allem noch ein anderer Zweck verfolgt zu werden. Vor dem Hintergrund der Diskussion um eine Vertrauenskrise der etablierten Medien (Stichwort ‚Lügenpresse', ‚Fake News' u.a.m.) nutzen Verlage und der öffentlich-rechtliche Rundfunk Podcasts auch, um RezipientInnen einen Einblick in die Recherche und Arbeitsweise der RedakteurInnen zu geben (Transparenzfunktion). Podcast-Formate im Sinne von ‚die Geschichte hinter der Geschichte' finden sich bei so gut wie allen Anbietern. Die Einbindung und Interaktion mit der Hörerschaft (soziale Funktion) wird auf beiden Seiten gleichermaßen bezweckt, allerdings gelingt das auf Seiten der institutionellen AkteurInnen unlängst schlechter. Das illustriert der *Debatten-Podcast* von Sascha Lobo (Spiegel Online) exemplarisch sehr anschaulich: Hier greift Lobo die Kommentare der LeserInnen seiner Kolumne auf Spiegel Online auf und beantwortet sie in den Podcast-Folgen. Im Ergebnis liegt hier jedoch nur ein weiterer langer Monolog Lobos vor, ohne dass die LeserInnen, deren Kommentare besprochen werden, die Möglichkeit hätten zu reagieren – von Interaktion oder einer Debatte, wie es der Titel des Podcasts suggeriert, kann nicht die Rede sein.

Im Folgenden soll der Podcast *Lage der Nation* aus dem hier vorgestellten Angebot an Politik-Podcasts herausgegriffen und analysiert werden.

5. Podcasting am Beispiel der *Lage der Nation*

Bei der Analyse eines Mediums ist die Mehrdimensionalität des Medienbegriffs mit zu bedenken. Dahingehend lässt sich das integrative Medienkonzept des Kommunikations- und Medienwissenschaftlers Siegfried J. Schmidt als begrifflicher Rahmen nutzbar machen. Demnach ist der Ausdruck *Medium* als *Kompaktbegriff* zu konzipieren, der sich hinsichtlich vier verschiedener Aspekte differenzieren bzw. aufgliedern lässt:

> Mein Vorschlag geht dahin, am *Kompaktbegriff ‚Medium'* folgende Aspekte zu unterscheiden, die als konstitutive Komponenten von Medien interpretiert werden können: semiotische Kommunikationsinstrumente, das technisch-mediale Dispositiv beziehungsweise die jeweilige Medientechnologie, die sozialsystemische Institutionalisierung eines Mediums sowie die jeweiligen Medienangebote.[146]

Kommunikationsinstrumente sind für Schmidt „alle materialen Gegebenheiten, die semiosefähig sind und zur geregelten, dauerhaften, wiederholbaren und gesellschaftlich relevanten strukturellen Kopplung von Systemen im Sinne je systemspezifischer Sinnproduktion genutzt werden können".[147] Darunter zählt er die gesprochene natürliche Sprache, Schriften, Bilder, Töne sowie Gesten und Geräusche.[148] Kommunikationsinstrumente sind seit Entwicklung der Schrift in immer stärkerem Maße an *Medientechnologien* (wie z.B. Druck- Film- oder Fernsehtechniken) gebunden, „welche die Produktion und Rezeption von Medienangeboten nachhaltig beeinflussen".[149] Dass sich bestimmte Kommunikationsinstrumente und die entsprechenden Medientechniken durchsetzen und genutzt werden, hängt wiederum von der „Herausbildung sozialer Institutionen und Organisationen wie Schulen, Verlage oder Fernsehanstalten"[150], also von der *sozialsystemischen Institutionalisierung* ab. Das konkrete *Medienangebot* als vierte Dimension ist schließlich „eindeutig von den drei anderen Komponenten geprägt"[151] bzw. als Resultat des Zusammenwirkens dieser Faktoren zu verstehen. Dieser Differenzierung gemäß ließe sich zum Beispiel zwischen der Schrift als Kommunikationsinstrument, dem Buchdruck als Medientechnologie, Verlagen oder Kanonisierungsprozessen als sozialsystemische Institutionalisierung und Siegfried J. Schmidts Publikationen als konkrete Medienangebote differenzieren.

146 Schmidt, S. 2000, 94.
147 Ebd.
148 Vgl. e.bd. sowie Schmidt/Zurstiege 2007, 63.
149 Schmidt, S. 2000, 94.
150 Ebd.
151 Ebd.

Dieses Mehrebenenmodell soll in strukturgebender Weise bei der Analyse des Mediums Podcast im Allgemeinen und des konkreten Medienangebots *Lage der Nation* (im Folgenden kurz: *LdN* oder *Lage*) im Besonderen Anwendung finden. In den folgenden Abschnitten wird die exemplarische Erörterung jeweils vorangestellt, von der ausgehend die allgemeinen podcastspezifischen Merkmale herausgearbeitet werden.

5.1 Medientechnologie

Medien im Sinne ihrer technischen Konstitution, medientechnologische Umbrüche und deren Implikationen stehen in einem Großteil medienwissenschaftlicher Forschungsarbeiten im Fokus. Die Einsicht in die zentrale Bedeutung der dem Medium zugrunde liegenden Technologie hat in verdichteter und pointierter Form insbesondere in der prominenten Formel Marshall McLuhans ‚*the medium is the message*' ihren Ausdruck gefunden.[152] Demnach bestimmt sich die Wirkung eines Mediums primär durch dessen technische Form; der durch das Medium vermittelte Inhalt wird damit zweitrangig. Es geht an dieser Stelle um keine radikal technikdeterministische Position, sondern um die grundlegende Prämisse, dass Medien nie nur neutrale Träger von Inhalten sind, sondern bedingt durch ihre technischen Voraussetzungen und Potenziale maßgeblich Einfluss auf die Produktion, Botschaft und Rezeption nehmen. In diesem Abschnitt wird es also um Podcasting mit Blick auf dessen technologischen Bedingungen gehen: Was sind die Technologien, auf denen Podcasting im Wesentlichen beruht und welche nennenswerten Implikationen ergeben sich daraus?

Zunächst soll die technisch-mediale Umgebung des Podcasts *Lage der Nation* exemplarisch in den Blick genommen werden.[153] Der Podcast wird in aller Regel in einem Berliner Tonstudio, dem von Philip Banse gegründeten *Küchenstudio,* aufgezeichnet, sprich in einer professionellen Produktionsumgebung. Für die Aufnahme kommt im Kern die folgende Hard- und Software zum Einsatz: ihre eigenen Notebooks, Headsets, ein Audio-Interface sowie die Audio-Software *Reaper*, die sie in Kombination mit der Freeware *Ultraschall* nutzen. Bei der Vorbereitung zur Aufnahme der Folgen bedienen sich Banse und Buermeyer verschiedener Online-Anwendungen und Cloud-Dienste, deren Kernfunktionalität hier insbesondere darin liegt, das kollaborative Arbeiten orts- und zeitsouverän zu vereinfachen. Sie nutzen u.a. die Projektmanagement-Tools *Slack* und *Trello* zur organisatorischen Kommunikation und zum Sammeln von Inhalten für die Podcastfolge sowie webbasierte Texteditoren (anfangs *Etherpad*, später *Google Doc*) als Stichpunkte-Skript, das die Struktur der Folge vorgibt. Die einzelnen

152 Vgl. McLuhan 1964.

153 Über die von ihnen verwendete Hard- und Software und über ihre Arbeitsweise sprechen die Moderatoren u.a. in LdN006, Kapitel 12 ‚LdN-Tools' [1:02:05-1:08:23] sowie auf einem Workshop, vgl. Küchenstud.io 2017.

Audiodateien werden im Anschluss an die Aufnahme nicht von der *Lage*-Redaktion selbst bearbeitet, sondern vom Online-Dienst *Auphonic,* an den sie diesen Arbeitsschritt auslagern. Auphonic fungiert nicht nur als Bearbeitungs-, sondern auch als Distributionstool: Die finalisierte und im gewünschten Format exportierte Datei lässt sich nach entsprechender Einstellung des Anwenders bzw. der Anwenderin an verschiedene Zielorte automatisch ausspielen. Die Distribution des *Lage*-Podcasts erfolgt dabei über mehrere Kanäle. Die einzelnen Audiodateien liegen auf einem eigens gehosteten Server und sind auf einer eigenen Website bzw. Weblog eingebunden, auf dem diverse Funktionen zur Verfügung stehen. Die Hauptspalte der Seite umfasst erstens den *Podlove Web Player* (zum Abspielen, Teilen oder Herunterladen der Audiodatei sowie zum Abrufen der einzelnen Kapitel der Folge) und die sogenannten *Shownotes* zur Sendung, Hyperlinks zu den Medieninhalten, die Grundlage der Recherche waren und auf die sie sich in der Folge beziehen. Unterhalb der Shownotes befindet sich zweitens eine Kommentarspalte für die inhaltliche Rückmeldung seitens der HörerInnen. Und drittens finden sich diverse Funktionen in der Sidebar, darunter der *Subscribe-Button* zum Abonnieren des Podcasts, *Affiliate-Links,* Kontaktinformationen und eine Suchfunktion. Der Podcast wird zudem über die Plattformen YouTube, iTunes und Spotify distribuiert. Darüber hinaus nutzt das Podcast-Team die Social Media-Plattformen Instagram, Twitter und Facebook, um zusätzlich visuelle und textbasierte Inhalte zu veröffentlichen. Die Veröffentlichung erfolgt somit in einer netztypischen Umgebung. Mit Blick auf die Rezeption der Podcast-Episoden ist auf Grundlage einer von den Machern in Auftrag gegebenen HörerInnenumfrage festzuhalten, dass die HörerInnen den Podcast primär mit ihrem Smartphone bzw. via Podcast-App rezipieren.[154] Die Episoden werden nur zu einem geringen Teil im Webplayer gehört, die Website wird primär für das Schreiben von Kommentaren genutzt. Die Ausführungen reichen aus, um davon ausgehend zentrale Aspekte einer allgemeinen podcastspezifischen technisch-medialen Infrastruktur im nächsten Schritt näher zu erörtern.

Zuallererst wird schnell ersichtlich, dass es sich bei Podcasting um ein konvergentes Medium handelt, dem eine Reihe von Technologien zugrunde liegen, die vor dessen Aufkommen bereits existierten und in neuer Weise miteinander kombiniert und weiterentwickelt wurden.[155] Die wesentlichen Komponenten bzw. Techniken sind auf den drei Ebenen Produktion, Distribution und Rezeption auszumachen: Audioproduktionshardware sowie -software; das Internet bzw. eine web-basierte Infrastruktur im Allgemeinen und die Distributionstechnik *RSS* im Speziellen; sowie Hard- und Software zur Rezeption der Audioinhalte.

154 Die Ergebnisse der Umfrage stellen sie in LdN071, Kapitel 9 ‚Hörerbefragung: Die Ergebnisse' [54:56-1:00:58] vor.

155 Vgl. Berry 2006, 144 f.

Wie in Kapitel drei gezeigt, bedingt sich das Aufkommen des Mediums Podcast u.a. durch die Verfügbarkeit erschwinglicher und anwenderfreundlicher Hard- als auch Software für die Audioproduktion, infolgedessen ein Tätigkeitsfeld von Privatpersonen und Laien erschlossen werden konnte, das zuvor professionell ausgebildeten Personen vorbehalten war. Die Produktionsumgebung der *LdN* ist nun einerseits professioneller aufgestellt als das typischerweise für das Medium der Fall ist, zumindest mit Blick auf das eigens eingerichtete Tonstudio. Andererseits hat sich in der Entwicklung des Mediums mithin der Trend zu mehr Professionalität gezeigt, sodass eine gute Audioqualität immer mehr die Regel als die Ausnahme ist. Zudem erweist sich die Produktionsweise der *LdN* bei genauer Betrachtung letztlich als podcasttypisch: Vom Tonstudio abgesehen (in dem auch nicht alle Folgen aufgenommen werden), nutzt das Team eine für das Medium übliche Ausrüstung, nämlich eine auf das Wesentliche reduzierte, mobile Hardware, die sich zum Teil im Vorhinein schon im Besitz der ProduzentInnen befindet, wie etwa ein Notebook oder Headsets. Es kommt nicht so sehr auf die genaue Auswahl des Equipments an, die Bandbreite an Möglichkeiten ist hier immens groß, sondern vielmehr auf den Umstand, dass die Audioproduktion mit erschwinglicher und einfacher Hardware eine fürs Podcasting übliche Technikumgebung darstellt.[156] Eine weitere für die Podcastproduktion typische Vorgehensweise ist die Verwendung von *open source*-Anwendungen und aus der Podcast-Community heraus entwickelter Software, wie zum Beispiel die von Ralf Stockmann programmierte Freeware *Ultraschall*, die eigens entwickelt wurde, um die *DAW* (*Digital Audio Workstation*) *Reaper* speziell für die Podcast-Produktion zu erweitern bzw. zu optimieren und die von vielen PodcasterInnen verwendet wird.[157] Dieses Beispiel kann exemplarisch für eine generelle Eigenheit der Podcast-Bewegung stehen: PodcasterInnen haben sich (im Sinne des Konvergenz-Gedankens) zwar durchaus bereits vorhandener Technologien bedient, sie haben aber gleichermaßen immer auch Werkzeuge entwickelt, mit denen sich Arbeitsprozesse rund ums Podcasten für diese spezifische Tätigkeit verbessern lassen. Neben Ultraschall nimmt das Netzwerk *Podlove* von Podcast-Pionier Tim Pritlove, das mit dem *Podlove Podcast Publisher*, *Web Player* und *Subscribe Button* weitverbreitete Standards setzen konnte, eine zentrale Rolle ein. Die technologische Infrastruktur wird hier also *von* PodcasterInnen *für* PodcasterInnen entwickelt, woran auf der technologischen Ebene der Charakter des Mediums als ein unabhängiges Graswurzelmedium oder open-source-Medium zu erkennen ist,

156 Als Setting ist vom Smartphone als Aufnahmegerät bin hin zu kostspieligen Mikrofonen und Zusatzgeräten wie Audio-Interface alles möglich. Interessant ist auch zu sehen, dass z.B. namhafte Firmen wie Rode im Bereich der Audioproduktionshardware ein speziell für Podcasting ausgerichtetes Angebot geschaffen haben, z.B. mit ihrem USB-Mikrofon namens ‚Podcaster'.

157 Eine Auflistung der Podcasts, die Ultraschall nutzen, findet sich auf deren Webseite: https://ultraschall.fm/testimonials (aufgerufen am 18.10.2018).

das von einer gut funktionierenden, technikaffinen Community profitiert – worum es noch dezidiert im nächsten Abschnitt gehen wird. Die Produktion der *LdN* fügt sich in dieses Umfeld nahtlos ein. Mit der Verwendung einer ganzen Reihe dieser Tools machen sie sich diese Infrastruktur zu Nutze und tragen – als ein sehr bekannter Podcast mit einer großen Hörerschaft – wiederum zu deren Sichtbarkeit bei.

Die zentrale Technologie, auf der Podcasting ganz grundlegend beruht, ist das Internet bzw. World Wide Web (WWW), das bereits auf der eben beschriebenen Ebene der Produktion zum Tragen kommt, u.a. durch Online-Dienste wie Auphonic zur Post-Produktion oder diverse Anwendungen zur Ermöglichung und Vereinfachung des (gemeinsamen) Arbeitens mit Blick auf die Vorbereitung der Podcastfolgen. Die maßgebliche Rolle kommt dem Internet bzw. dem World Wide Web aber auf der Ebene der Bereitstellung und Verbreitung als auch der Rezeption von Medieninhalten zu. Podcasting lässt sich in technischer Hinsicht als Methode zur Distribution und Rezeption von abonnierbaren Audioinhalten im Internet mittels sogenannter *Web-* bzw. *RSS-Feeds* beschreiben. RSS (*Really Simple Syndication*) „ist ein XML-basiertes Dateiformat, das den reinen Inhalt einer Website nach einer strengen Normung anordnet. Die Informationen können somit von Computerprogrammen ähnlich wie bei einer Datenbank ausgelesen und dann anderweitig verwendet werden".[158] Die grundlegende Idee hinter dieser Technik ist es, die Suche nach und die Verwaltung von Inhalten im Internet entscheidend zu vereinfachen. NutzerInnen müssen die diversen Webseiten, deren Inhalte sie beziehen wollen, nicht mehr aktiv aufrufen, um sie auf neue Einträge zu überprüfen, sondern werden automatisch über Aktualisierungen informiert. Dafür müssen sie den von den BetreiberInnen der jeweiligen Seite bereitgestellten RSS-Feed abonnieren[159] bzw. in ihren *Feedreader* einlesen – eine Software, in der alle abonnierten Seiten übersichtlich gesammelt und regelmäßig aktualisiert werden. Im Fall von Audioinhalten bzw. Podcasts nennt sich eine solche Anwendung *Podcatcher*. Was in Hinblick auf die Beschreibung der technischen Funktionsweise kompliziert anmutet, ist auf der Anwendungsseite völlig unkompliziert: NutzerInnen laden sich typischerweise eine Podcast-App auf ihr Smartphone und abonnieren dort den Podcast ihrer Wahl. Das setzt zwar ein grundlegendes Technikwissen im Umgang mit Smartphones (oder Computern im Allgemeinen) und App-Anwendungen voraus, es bedarf aber keiner fundierten Kenntnisse im Bereich Informationstechnik z.B. hinsichtlich der Funktionalität von RSS-Formaten. Das gilt im Übrigen auch für die ProduzentInnen von Podcasts, die u.a. bei der Erstellung solcher Web-Feeds auf eine Vielzahl von Online-Diensten und

158 van Aaken 2005, 12.

159 Mit Abonnieren ist hier kein kostenpflichtiges Abschließen eines Abonnements gemeint, sondern das automatische Beziehen der gewünschten Inhalte.

Plattformen zurückgreifen können, die ihnen solche und andere technische Prozesse abnehmen.

Dieser Automatisierungsmechanismus der Übertragung und des Downloads von Online-Audioinhalten auf ein beliebiges Abspielgerät ist technisch gesehen eines der wesentlichen Charakteristika des Mediums und wird vielfach als das definierende Merkmal bestimmt. Für Richard Berry ist die Distributionsmethode beispielsweise „the most potentially revolutionary, the most disruptive and represents a new medium worthy of a new terminology".[160] Eine Definition von Podcasting, die allein auf die technologische Komponente fokussiert, greift zwar zu kurz, versammelt aber eine Reihe wesentlicher Aspekte.[161] Zum einen lässt sich an der RSS-basierten Distribution ein Differenzierungskriterium zu anderen Audio-Inhalten im Netz ausmachen, z.B. zu Audio-on-Demand-Angeboten, die ohne eine RSS-Einbindung nicht von Feedreadern bzw. Podcatchern gefunden werden können. Podcasts gehen über das Angebot von Audiodateien, die zum Herunterladen oder Streamen im Netz stehen, hinaus. Des Weiteren ermöglichen die technischen Voraussetzungen von Podcasting das non-lineare, zeitversetzte und ortsungebundene Hören von individuell zusammengestellten Programmen und Inhalten. Diese Zeit-, Orts- und Themensouveränität bei der Rezeption der Inhalte ist ein zentrales Spezifikum von Podcasting, denn hieraus ergibt sich u.a. eine Machtverschiebung zugunsten der NutzerInnen.

> The listener is now in charge of the broadcast schedule choosing what to listen to, when, in what order and – perhaps most significantly – where. Effectively there is a move in power from programmers to listeners. Although the producers still maintain control over content the listeners make decisions over scheduling and the listening environment and that is a fundamental change for producers of radio content.[162]

Insbesondere in der Möglichkeit der ortsungebundenen, mobilen Rezeption liegt ein Kernelement des Mediums. Die mobile Anwendung ist zur gängigsten Rezeptionsform geworden und wirft eine Reihe interessanter Fragen auf, z.B. hinsichtlich der Wechselwirkung zwischen der Wahrnehmung des Gehörten und des physischen Raums, durch den sich die RezipientInnen währenddessen bewegen.[163]

---

160 Berry 2006, 144.

161 Im Übrigen ist angesichts der Heterogenität des Podcast-Angebots (hinsichtlich AkteurIn, Format, Inhalt, Rezeptionsweise usw.) eine technische Definition von ‚Podcasting' hilfreich, weil mit der Art und Weise der Distribution (via RSS-Feed) ein Kriterium gegeben ist, das allen Podcasts gemein ist. Vgl. dazu auch Sterne et al. 2008.

162 Berry 2006, 145.

163 Vgl. dazu u.a. MacDougall 2011.

Podcasting nimmt schließlich eine interessante Mittelposition zwischen *Pull- und Push*-Technologien ein, denn es enthält sowohl Pull- als auch Push-Komponenten.

> If broadcast radio is a 'push' medium and internet radio is a 'pull' medium, then that raises an interesting debate as to how Podcasting is defined, given that it lies somewhere in between. Whilst the listener selects the content they want to subscribe to, the content arrives by a 'pushed' mechanism and the user ultimately decides when it is played ('pull'). Podcasts are therefore defined as content with the lazy benefits of push media but with all personalization features of pull media.[164]

Die NutzerInnen suchen sich also einerseits aktiv einen Podcast heraus, den sie abonnieren möchten und entscheiden, wann sie die Inhalte rezipieren möchten (Pull-Komponente). Andererseits werden ihnen in Folge des Abonnierens die einzelnen Episoden automatisch auf ihr Gerät gespielt (Push-Komponente).

5.2 Sozialsystemische Institutionalisierung

Wie erfolgreich ein Medium ist, inwieweit es sich gesellschaftlich etabliert und welche Konventionen, Strukturen und Regelsysteme sich herausbilden, hängt zum großen Teil von sozialsystemischen Prozessen ab, d.h., von den „institutionelle[n] Einrichtungen bzw. Organisationen (wie Verlagen oder Rundfunkanstalten), die entwickelt werden, um Medientechniken anzuwenden, zu verwalten, zu finanzieren, politisch und juristisch zu vertreten usw."[165] Die exemplarische Analyse der *LdN* soll zunächst Ausgangspunkt für die weitere Erörterung der sozialen Dimension des Mediums im Allgemeinen sein: Wer sind hier die AkteurInnen? Was ist der Produktionskontext bzw. inwieweit ist der Podcast in einer organisatorischen oder institutionellen Struktur eingebunden? Welche allgemeinen podcastspezifischen Merkmale lassen sich davon ausgehend benennen?

Das Redaktionsteam der *Lage der Nation* besteht aktuell aus fünf Personen: den beiden Initiatoren und Moderatoren des Podcasts Philip Banse und Ulf Buermeyer sowie drei weiteren Redakteurinnen, Ciara Cesaro-Tadic und Lea Boergerding, die im September 2017 offiziell als neue Redaktionsmitglieder vorgestellt wurden,[166] und Gela Koll, die seit August 2018 mit im Team ist. Banse und Buermeyer stellen aus RezipientInnen-Sicht die zentralen Akteure dar, insofern der Podcast maßgeblich mit ihrer Person und insbesondere mit ihren Stimmen identifiziert ist, daher wird es im Weiteren primär um sie gehen.

164 Berry 2006, 156, vgl. auch Niemann 2007, 41 f.

165 Schmidt/Zurstiege 2007, 63.

166 Vgl. LdN067, Kapitel 2 ‚Redaktion: Lage-Team wächst' [02:08-03:17].

Philip Banse ist freier (Hörfunk-)Journalist und arbeitet hauptsächlich für den Deutschlandfunk, den Heise-Verlag und dctp.tv. Er leitet außerdem das Unternehmen *Streamteam*, das Veranstaltungen unterschiedlicher Art dokumentiert bzw. live streamt. 2005 hat er mit drei KollegInnen den Podcast *Küchenradio*[167] gegründet, zu dem über die Jahre noch weitere Podcasts hinzugekommen sind, die heute alle unter dem Dach des Podcast-Labels *Küchenstud.io* gebündelt sind. Banse hat das Medium also bereits sehr früh für sich entdeckt und kann als Podcaster der ersten Stunde gelten. Ulf Buermeyer ist Jurist und als Richter am Landgericht Berlin tätig. Seit Juni 2017 arbeitet er als wissenschaftlicher Mitarbeiter am Verfassungsgerichtshof des Landes Berlin. Buermeyer engagiert sich darüber hinaus in unterschiedlichen Bereichen vor allem im Kontext netzpolitischer und bürgerrechtlicher Themen. Er ist u.a. Autor bei *netzpolitik.org* und Vorsitzender der Ende 2016 gegründeten *Gesellschaft für Freiheitsrechte e. V.* (*GFF*) und Mitglied im *Chaos Computer Club e. V.*[168] In seiner Rolle als Podcaster sieht er sich nicht, wie Banse, als Journalisten, dafür aber als Teil eines journalistischen Formats.[169] Des Weiteren ist Buermeyer Ende 2016 der SPD beigetreten, was in Folge 038 der *LdN* transparent gemacht und diskutiert wird.[170] Er ist außerdem Programmierer und Softwareentwickler. Das heißt, wir haben es hier mit zwei technikaffinen, politisch interessierten, engagierten und informierten Personen mit journalistischer bzw. juristischer Berufsqualifikation zu tun, deren politische Ausrichtung als links-liberal und progressiv gelten kann und deren gemeinsamer Interessensschwerpunkt und Sachverstand insbesondere bei netzpolitischen Themen liegt. Beide haben ein politikwissenschaftliches Studium absolviert. Mit Buermeyers Mitgliedschaft in der SPD ist zudem eine parteipolitische Ausrichtung gegeben, wobei er sich dahingehend immer (oder gerade deswegen) sehr kritisch positioniert. Zudem sind Banse und Buermeyer beides Personen, die bereits vor der Gründung des Podcasts medienöffentlich aufgetreten sind, vielen RezipientInnen also schon bekannt waren und über ein entsprechendes Netzwerk verfügen.

Die *Lage der Nation* ist ein institutionell unabhängiger Podcast, der allerdings als einer von derzeit sechs Produktionen in dem von Banse gegründeten Berliner Podcast-Label *Küchenstud.io* eingebettet ist, von denen die *LdN* die prominenteste Rolle einnimmt. Der Podcast ist als ein unbezahltes Freizeitprojekt gestartet und ist mittlerweile finanziell so gut aufgestellt, dass er für Banse zum Teil seiner frei-

167 Der Podcast war 2006 für den Online Grimme Award nominiert.

168 Für einen ausführlichen Lebenslauf und eine vollständige Auflistung seiner Mitgliedschaften vgl. https://buermeyer.de/ulf/ (aufgerufen am 18.10.2018). Über die Gründung der GFF spricht er ausführlich in LdN029, Kapitel 35 ‚GFF: Ulf gründet NGO‘ [1:38:05-1:50:11].

169 Vgl. LdN038, Kapitel 5 ‚Transparenzhinweise: Ulf ist Sozi‘ [06:18].

170 LdN038, Kapitel 5 ‚Transparenzhinweise: Ulf ist Sozi‘ [05:05-12:52].

beruflichen journalistischen Arbeit geworden ist. Die *Lage der Nation* war als Projekt von Beginn an auf eine nachhaltige Finanzierung und eine damit einhergehende Weiterentwicklung und Professionalisierung angelegt – das über die Zeit gewachsene Redaktionsteam zeugt genau davon.[171] Der Podcast ist aktuell spenden- wie auch werbefinanziert. HörerInnen können mit Daueraufträgen oder einmaligen Spenden die *Lage* unterstützen. Zudem haben sie die Möglichkeit, ein Abonnement abzuschließen (für monatlich fünf Euro oder jährlich knapp 50 Euro). Als zusätzliches finanzielles Standbein ist seit Juli 2017 durch einen Werbevertrag mit der *AS&S* noch das Schalten von Werbung hinzugekommen, wobei für AbonnentInnen des *Küchenstud.io-Plus*-Angebots der Podcast weiterhin werbefrei ist.[172] Bei einem Vortrag auf der Podcast-Konferenz *Subscribe9* im Oktober 2017 legte Banse die finanzielle Situation der *Lage* offen.[173] Zu diesem Zeitpunkt vermerkte der Podcast etwa 70.000 Downloads und Einnahmen pro Monat von 2000 bis 2500 Euro aus Spenden und Abos, bei etwa 450 AbonnentInnen des Küchenstudio-Plus Abos. Um alle Kosten zu decken und Raum für neue, ergänzende Formate und intensivere Recherchen zu lassen, veranschlagt Banse in dem Vortrag das Zwei- bis Dreifache der bisherigen Einnahmen.

In Anlehnung an die in Kapitel vier vorgestellte akteursspezifische Podcast-Typologie, lässt sich die *LdN* somit der Kategorie *Natürliche Person* bzw. *Privater Podcast* zuordnen. Philip Banse, der den Podcast verantwortet, agiert als einzelne, institutionell unabhängige Person, die mit dem Podcast kommerzielle Interessen verfolgt und zudem eine berufliche Qualifikation als freier (Hörfunk-)Journalist aufweist. Damit ist der Podcast nach Niemanns Modell des Weiteren den Subkategorien *Profi* und *qualifiziert* zuzuordnen.

Podcasting ist mit Blick auf die Akteurs-Konstellation und den Produktionskontext insgesamt sehr heterogen. Die *LdN* als eine semi-professionelle Podcastproduktion eines medienerfahrenen Journalisten nimmt eine Mittelposition zwischen von Laien ohne jegliche Medienerfahrung privat produzierten Podcasts und institutionell eingebundenen Produktionen z.B. von großen Medienunternehmen ein. Mit Blick auf Podcasting im Sinne von privat produzierten und institutionell unabhängigen Produktionen können der Vergleich bzw. die Abgrenzung zum etablierten Rundfunk in seiner heutigen Form helfen, um die sozialsystemische Komponente des Mediums besser zu verstehen. Öffentlich-rechtliche Rundfunkanstalten sind Medienorganisationen, die nach festgelegten Regeln und Strukturen funktionieren. Sie verfolgen ganz bestimmte – durch den medienpolitisch festgeschriebenen Programmauftrag der öffentlich-rechtlichen Anstalten bedingte –

171 Dieses (ökonomische) Ziel machen Banse und Buermeyer von Beginn an transparent, u.a. in LdN009, Kapitel 4 ‚Feedbacks' [48:45].

172 Das machen sie in einer Hausmitteilung in LdN064, Kapitel 14 ‚Lage intern: Sponsoring und Umfrage' [1:15:24-1:19:50] transparent.

173 Vgl. Das Sendezentrum 2017.

Zwecke und Ziele, zu deren Umsetzung sie sich auf die Finanzierung durch öffentliche Mittel (den Rundfunkbeitrag) stützen können. Öffentlich-rechtliche Medienunternehmen sind hierarchisch und arbeitsteilig organisiert mit klaren Rollen-, Verantwortungs- und Zuständigkeitszuteilungen; sie bestehen aus einem Netzwerk an festen und freien MitarbeiterInnern der verschiedenen Redaktionen, die für ihre Tätigkeitsfelder spezifische Kompetenzen und Fertigkeiten vorweisen müssen. Demgegenüber kennzeichnet sich Podcasting zunächst – im Sinne der privat und unabhängig produzierten Angebote – durch die Abwesenheit all dieser Merkmale. Es handelt sich um ein dezentrales, anti-hierarchisches, freies und horizontales Medium, dessen Nutzung allen offen und kostenlos zur Verfügung steht. Wie in Kapitel drei erörtert, lässt sich Podcasting im Sinne einer Anwendungsform des Web 2.0 und durch die enge Verbindung zum Bereich des Weblogging als partizipatives Medium und als Beispiel für *user-generated content* fassen. Podcastinhalte entstehen also in der Umgebung einer für das Netz typischen *open source-* und unabhängigen Graswurzel-Bewegung, die sich durch niederschwellige Zutrittsbarrieren, das Unterwandern der traditionellen Gatekeeper-Funktion der etablierten Medien und dem einfachen Rollenwechsel zwischen NutzerInnen und ProduzentInnen charakterisiert. Die Produktion von Podcasts findet in dieser Hinsicht also in einem netzspezifisch freien, im Vergleich zum etablierten Rundfunk institutionell unabhängigen und wesentlich selbstbestimmteren Handlungs- und Organisationsraum statt. Die Abgrenzung und Emanzipation von den etablierten massenmedialen Systemen ist innerhalb der Podcast-Community gleichwohl ein starkes, wiederkehrendes Motiv, das sich auch bei der *LdN* wiederfindet.[174]

Das Internet und eine webbasierte Infrastruktur – als die für das Medium technischen Grundbedingungen der Bereitstellung und Verbreitung von Inhalten – lassen sich selbst wiederum als komplexes, soziales System beschreiben. Podcasting bewegt sich in diesem Sinne natürlich nie in einem per se freien, allein durch die NutzerInnen gestalteten Raum. Die Inhalte sind vielmehr in ökonomische und juristische Strukturen eingebunden und werden durch diverse Institutionen und deren Regeln, Algorithmen und Interessen maßgeblich beeinflusst und (mit) bestimmt. Allerdings lässt sich Podcasting im Vergleich zu anderen Medieninhalten im Netz als eines der unabhängigsten Medienformen beschreiben, insofern Podcasts (noch) weitestgehend plattformunabhängig funktionieren – im Unterschied z.B. zu Videos oder Fotos, die maßgeblich an Plattformen wie YouTube oder Instagram und deren Regelsysteme und Organisationsstrukturen gebunden

174 Wie der in der Einleitung zitierte Gesprächsausschnitt gezeigt hat, ist die Gründung der *LdN* u.a. durch die Kritik an der typischen in den Augen der Moderatoren zu oberflächlichen Politikberichterstattung im Fernsehen motiviert. Vgl. LdN001, Kapitel 2 ‚Warum machen wir das?' [01:05-05:32].

sind. Damit ist nicht gesagt, dass Podcasting frei von Konventionen und Strukturen besteht, aber diese werden zum großen Teil aus der Podcast-Community heraus selbst entwickelt, verhandelt, etabliert und wieder neu verhandelt. Ein zentrales Merkmal des Sozialsystems Podcasting ist eben genau diese gut funktionierende Community, deren Wirken sich in ganz unterschiedlichen Bereichen manifestiert. Einer dieser Bereiche, nämlich die technische Entwicklung von für Podcasting optimierter *open source*-Anwendungen (Web Player, Plugins, Aufnahmesoftware wie *Ultraschall* usw.), wurde bereits im vorangegangenen Abschnitt dargelegt. Darüber hinaus gibt es Projekte wie die Podcastsuchmaschine *fyyd*, die gleichfalls als Verzeichnis fungiert und auf der NutzerInnen zudem eigene Kurationen und Podcast-Sammlungen anlegen können, das Forum *Sendegate*, die jährlich stattfindende Podcast-Konferenz *Subscribe* oder die *Podcastpat:innen*, ein Projekt zur Förderung des Nachwuchses. Für Markman/Saywer konstituieren diese Podcast-Communities eine spezifische Subkultur, „which provide forums of mutual support and feedback, identity formation, self-promotion, critical reflection, but also discursive arenas that might exist in tension with a conventional (commercial) radiophonic culture".[175] Und auch Berry sieht hierin eine spezifische Eigenschaft des Mediums Podcast:

> There can be few media forms where producers of work communicate so freely with each other and persuade the listener to seek out the work of others. It is this network building that develops a sense of community within the grassroots Podcast movement and, as a listener, I find this a refreshing experience.[176]

Die genannten Beispiele sind nur einige unter vielen. Sie offenbaren den horizontalen und interaktiven Charakter des Mediums. Die sozialen Strukturen zeugen von einem im Wesentlichen anti-hierarchischen und symmetrischen Umgang im Miteinander. Eine eindeutige Rollenverteilung zwischen ProduzentInnen und KonsumentInnen mit einem entsprechenden Machtgefälle ist nicht gegeben. Vielmehr erweist sich der Rollenübergang als ein fließender.

> What Podcasting offers is a classic 'horizontal' media form: producers are consumers and consumers become producers and engage in conversations with each other. At a grassroots level there is no sense of a hierarchical approach, with Podcasters supporting each other, promoting the work of others and explaining how they do what they do.[177]

175 Markman/Sawyer 2014, 24.
176 Berry 2006, 152.
177 Berry 2006, 146.

Der horizontale Charakter manifestiert sich insbesondere in den mannigfaltigen und intensiv genutzten Möglichkeiten zur interaktiven Kommunikation. Die MacherInnen investieren viel Zeit in die Bereitstellung und Pflege von Rückkanälen bzw. in die Einbindung der Rückmeldung ihrer Hörerschaft, die die Möglichkeit zur Anschlusskommunikation wiederum aktiv und in konstruktiver Art und Weise nutzen. Dass das interaktive Moment von Podcasting eine maßgebliche Rolle spielt, zeigt sich u.a. auch in den Ergebnissen der Studie von Kris Markman (2012), wonach sich die Eingebundenheit in eine Podcast-Gemeinschaft als eine der zentralen Motivationen herausgestellt hat, die Tätigkeit des Podcastens fortzusetzen.

Die bisherigen Ausführungen beschreiben allerdings nur eine Seite der sozialsystemischen Komponente des Mediums Podcast, insofern die unabhängigen, privat produzierten Podcasts den zwar ursprünglichen (und in gewissem Sinne den charakteristischen) Teil, aber eben nicht das gesamte Angebot ausmachen. Die verschiedenen institutionellen AkteurInnen in den Blick nehmend, ergibt sich ein anderes Bild der sozialsystemischen Dimension. Podcasts, die von etablierten Medienunternehmen, von Bildungseinrichtungen, Firmen, Stiftungen oder Parteien angeboten werden, sind in die Strukturen der jeweiligen Institutionen eingebunden und haben entsprechend andere Ausgangsbedingungen. Es bestehen im Vorhinein feste Strukturen und Regeln personeller, finanzieller oder ideeller Art, es werden ganz bestimmte Zwecke und Ziele verfolgt, wovon das Podcastangebot in der Gestaltung geprägt wird. In dieser institutionellen Einbindung ist das Medium dahingehend weniger frei, dezentral und anti-hierarchisch organisiert als es bei privat produzierten Podcasts der Fall ist, sondern steht vielmehr in Abhängigkeit zu den vorherrschenden und bestehenden Strukturen. Die sozialsystemische Umgebung von Podcasting ändert sich zudem im Zuge der zunehmenden Herausbildung eines eigenständigen Podcast-Markts: Es gründen sich eigens auf Podcasts spezialisierte Start-Ups – Podcast-Label, Produktionsfirmen oder Anbieter mit Dienstleistungen rund um das Tätigkeitsfeld Podcasting (Hosting, Audiobearbeitung, App-Anwendungen usw.) –, womit gleichfalls neue Geschäftsmodelle erprobt werden. Das heißt, der juristische und ökonomische Rahmen des Mediums verändert sich zum Teil grundlegend bzw. wird neu gesteckt.

5.3 Kommunikationsinstrument

Die Wahl des Kommunikationsinstruments bestimmt maßgeblich mit, in welcher Art und Weise Inhalte vermittelt werden können und wie sie wirken. Beispielsweise unterscheidet sich eine schriftlich fixierte Aussage hinsichtlich ihrer Möglichkeiten und Grenzen erheblich von einer in einem mündlichen Gespräch getätigten. Schrift ermöglicht es dem oder der KommunikatorIn seine oder ihre Aussagen – losgelöst von der körperlichen Präsenz – in verdichteter, komplexer Form und über Ort- und Zeitgrenzen hinweg zu vermitteln. RezipientInnen haben die

Möglichkeit, die materialisierten Sätze wiederholt und ihrem Tempo zu erfassen, müssen jedoch ein erhöhtes Maß an Interpretationsleistung erbringen, da eine ganze Reihe von Kontextinformationen und Hinweisreizen wie nonverbale Zeichen, Intonation usw. wegfallen (Kanalreduktions-These). In einem natürlichen Gespräch von Angesicht zu Angesicht werden dahingegen alle Sinneskanäle bedient und die KommunikatorInnen haben vielschichtige und unmittelbar wirkende Ausdrucksmöglichkeiten. Dafür bedingt unser kognitives Aufnahmevermögen in dieser flüchtigen Kommunikationssituation eine weniger komplexe, auf Wiederholungen und Redundanzen bauende Form der Kommunikation – um nur einige wenige vergleichende Aspekte zu benennen.

Podcasting bedient sich primär dem Kommunikationsinstrument der gesprochenen natürlichen Sprache bzw. der technisch vermittelten Stimme.[178] Verschiedene andere Kommunikationsmittel wie Schrift, (Bewegt-)Bild, und Ton kommen ebenfalls zum Tragen. Diese werden im anschließenden Kapitel – mit Blick auf die These, dass Podcast als Netzmedium und nicht allein als ein auditives Angebot zu verstehen ist – noch näher in den Blick genommen. In diesem Abschnitt soll der Fokus auf der primären Auditivität des Mediums liegen: Welche spezifischen Eigenschaften kommen dem akustischen Kanal und der technisch vermittelten Stimme zu? Darüber hinaus sollen die für das Podcasting typischen Kommunikationsprozesse, -muster und -strukturen analysiert werden.

Die Kommunikationssituation der *Lage der Nation* lässt sich auf drei Ebenen beschreiben. Auf der ersten Ebene findet hier zunächst eine *Face-to-Face*-Kommunikation, sprich eine Form der direkten interpersonalen Kommunikation zwischen zwei in diesem Fall miteinander vertrauter Personen statt. Ulf Buermeyer und Philip Banse sitzen sich an einem konkreten Ort gegenüber und führen ein Gespräch über politische Inhalte, womit hinsichtlich der sachlichen Dimension zudem eine Form der politischen Kommunikation gegeben ist. Wie sie in der ersten Folge ausführen, war die Freude an der gemeinsamen Unterhaltung eine der Motivationen für die Gründung des Podcasts und stellt für sie gleichfalls ein charakteristisches Merkmal des Mediums dar:

> Wir haben einfach gemerkt, dass wir beide uns wahnsinnig gerne unterhalten über die verschiedensten Themen. Das ist nicht die schlechteste Voraussetzung. Ich denke nämlich nach wie vor, Podcasting ist vor allem ein Format,

178 Die gesprochene natürliche Sprache stellt für Schmidt den Prototypen der verschiedenen Kommunikationsinstrumente dar: „Als Prototyp von Kommunikationsinstrumenten betrachte ich gesprochene natürliche Sprache, und zwar nicht nur aus Gründen der historischen Priorität, sondern deshalb, weil seit der Entstehung von Sprachen das grundlegende Prinzip der Sinn-Kopplung durch distinkte Materialitäten für alle Medien virulent geworden ist." Schmidt, S. 2000, 94.

wo sich Menschen unterhalten, die sich schätzen und mögen. Und das kommt auch einfach rüber, das sind so bestimmte Vibes, die da rüberkommen.[179]

Das private Gespräch ist also Ausgangspunkt für die Überführung einer solchen Unterhaltung in ein mediales Format, wofür sie Podcasts als das am besten dafür geeignete halten. Im Zuge dieser medialen Überführung, womit die zweite Beschreibungsebene berührt ist, wandelt sich die Kommunikationsform hinsichtlich verschiedener Aspekte. Das privat anmutende Gespräch richtet sich an eine Zuhörerschaft, womit die interpersonale gleichwohl eine Form der öffentlichen Kommunikation ist. Das synchrone, Face-to-Face stattfindende Gespräch wird in technisch vermittelter Form einem breiten Publikum öffentlich zugänglich gemacht, das die Inhalte asynchron, also zeitversetzt zum tatsächlich stattgefundenen Gespräch, rezipiert, wobei sie dieses nur noch über den akustischen Kommunikationskanal vermittelt bekommt. Das kommunikative Format der *LdN* bewegt sich somit zwischen den Formen der persönlichen Individual- und der öffentlichen Kommunikation. Merkmale, die das Gespräch als eine Form der öffentlichen bzw. vielmehr einer öffentlich-journalistischen Kommunikation ausweisen, sind u.a. die folgenden. Zum einen zeichnet der Aufnahmekontext die Situation als eine öffentliche aus: Banse und Buermeyer sprechen im Rahmen eines Tonstudios miteinander, umgeben von Audiohardware und insbesondere die Headsets, vermittels derer sie ihre eigenen Stimmen selbst noch einmal in anderer Weise wahrnehmen, dürfte die Kommunikationsweise dahingehend beeinflussen, dass sie die Gesprächssituation nicht als eine privat-natürliche empfinden. Es handelt sich des Weiteren nicht um ein spontanes, sondern um ein vorbereitetes und geplantes Gespräch. Jeder Folge liegt ein Textdokument zugrunde, in dem stichwortartig die Struktur der zu besprechenden Inhalte vorgezeichnet ist. Jede Podcast-Episode folgt einem Aufbau mit wiederkehrenden Elementen, darunter eine Begrüßung und Verabschiedung als Rahmung, inhaltlichen sowie formalen Blöcken wie Follow-Ups, Kurznachrichten- oder Feedback-Blöcken. Es werden eine Reihe von journalistischen Elementen bemüht, z.B. das Einspielen von O-Tönen oder Interviewgespräche mit externen Gästen. Der öffentliche Charakter zeigt sich weiterhin insbesondere in der direkten Ansprache bzw. Adressierung der Zuhörerschaft. Das Gespräch zwischen Banse und Buermeyer lässt sich grundlegend als ein moderierter Dialog mit einer zwischen den Themenblöcken wechselnden Rollenverteilung charakterisieren, bei der einer die Rolle des Experten, der andere hingegen die des Fragestellers einnimmt. Die Sprecherwechsel sind häufig entsprechend künstlich gesetzte: Buermeyer leitet beispielsweise in ein Thema ein und gibt mit Sätzen wie „Philip, du hast dir das genauer angesehen, worum geht es hier?“ das Wort weiter. Allerdings ist die Gesprächssituation auch nicht mit einem klassischen Talk-For-

179 LdN001, Kapitel 2 ‚Warum machen wir das?‘ [03:55-04:13].

mat im Radio gleichzusetzen. Der Hörfunk bewegt sich in einem gewissen Spannungsfeld zwischen Mündlichkeit und Schriftlichkeit, insofern dem Gesprochenen zum Großteil vorgeschriebene Texte zugrunde liegen (die wiederum für die mündliche Artikulation ausformuliert werden). Wohingegen Banse und Buermeyer im Podcast gänzlich frei artikulieren und ihre Sprechweise im Vergleich zur neutral-professionellen Haltung eines klassischen Radiomoderators oder einer Radiomoderatorin wesentlich näher am ‚natürlichen' Gespräch ist. Merkmale, die das Format der *LdN* wiederum als eine Form der persönlichen Kommunikation charakterisieren sind u.a. die Selektion der Themen, die vorrangig auf Grundlage der persönlichen Interessen der Moderatoren beruht, die privaten Inhalte, die immer wieder in die Folge einfließen oder das Einbringen der persönlichen Meinungen und Haltungen zu den diversen politischen Themen.

Lässt sich die Kommunikation auf der zweiten Beschreibungsebene als Einwegkommuniktion fassen – die Moderatoren vermitteln ihre Inhalte als Kommunikatoren an eine unbestimmt große Anzahl an RezipientInnen –, so ändert sich die Kommunikationsrichtung auf der dritten Ebene dahingehend, dass ein Rollenwechsel zwischen KommunikatorInnen und RezipientInnen stattfindet bzw. eine vormals klare Trennung der Rollenzuteilung sich zunehmend auflöst. Die passiven HörerInnen wechseln in die Rolle der aktiven KommunikatorInnen, indem sie die diversen Möglichkeiten zur Anschlusskommunikation nutzen. Die Interaktion mit der Hörerschaft und der Einbindung ihres Feedbacks nehmen eine wesentliche Rolle für die Moderatoren der *LdN* ein. Sie signalisieren von Beginn an ein ernsthaftes Interesse an Rückmeldungen und der Mitgestaltung der Sendung durch die HörerInnen. Es werden verschiedene Rückkanäle zur Verfügung gestellt, von denen die Kommentarspalte auf dem Blog auf der inhaltlichen Ebene die zentrale Rolle spielt. Andere Kanäle über Social Media (Twitter und Facebook) und E-Mail stehen zwar auch offen, aber Banse und Buermeyer äußern an verschiedenen Stellen explizit den Wunsch, das Feedback in den Kommentaren zu bündeln.[180] Andere Möglichkeiten zur Anschlusskommunikation sind über die *Lagebilder* und die Liveaufnahmen des Podcast bei der *Lage Live* gegeben, bei der die Moderatoren in eine direkte interpersonale Kommunikation mit ihren HörerInnen treten. Die verschiedenen Kommunikationsräume wirken hierbei wechselseitig ineinander. Die Blog-Kommentare und entstandenen Diskussionen zur Folge werden z.B. mit hoher Regelmäßigkeit in der darauffolgenden Podcast-Folge im fest etablierten Feedback-Block aufgegriffen und wiederum kommentiert. Banse und Buermeyer zeigen sich insgesamt sehr engagiert, Wege und Formate zu finden, um ihre HörerInnen, deren Kritik, Korrekturen oder Positionen, einzubeziehen. Einer dieser Versuche ist bzw. war das *Lagezentrum* – eine Art Community-Redaktion bzw. ein Forum, in dem sich die HörerInnen bei der Recherchearbeit

180 Vgl. u.a. LdN010, Kapitel 6 ‚Verabschiedung' [1:23:40-1:25:00] und LdN037, Kapitel 1 ‚Begrüßung' [01:05-02:54].

einbringen konnten, um die Sendung im Sinne der Idee der Schwarmintelligenz inhaltlich zu verbessern.[181] Das Format hat sich jedoch nicht etabliert.

Die bisherigen Erörterungen treffen auf den üblichen kommunikativen Rahmen des Podcast zu, von dem es immer wieder auch Abweichungen gibt. Beispielsweise befinden sich die Moderatoren nicht immer in einer Face-to-Face-Kommunikation, sondern führen das Gespräch technisch vermittelt über Skype oder vor lokal anwesendem Publikum bei den Lage-Live-Veranstaltungen – wodurch die Kommunikationssituation jeweils noch einmal eine andere ist. Diese grobe Skizzierung der Kommunikationsstrukturen soll an dieser Stelle jedoch genügen (eine detaillierte Analyse der Anschlusskommunikationsmöglichkeiten, insbesondere des Formats der Lagebilder, erfolgt in Kapitel 6).

Grundlegend ist Podcasting eine Form der technisch- bzw. computervermittelten Kommunikation. Hinsichtlich der Reichweite und Kommunikationsrichtung fällt Podcasting in die Kategorie *one-to-many*-Kommunikation, d.h., eine oder mehrere (wenige) Person(en) erreicht bzw. erreichen eine unbestimmt große Hörerschaft. Die Kommunikation ist dabei asynchron, sprich der Zeitpunkt der Aufnahme ist verschieden vom Zeitpunkt der Rezeption. In diesem Sinne handelt es sich einerseits um eine unidirektionale Form der Kommunikation. Andererseits ist auf Grundlage der webbasierten Umgebung des Mediums die Möglichkeit zur Anschlusskommunikation ganz grundlegend gegeben und diese wird auch aktiv genutzt. Podcasts sind in der Regel auf Blogs mit Kommentarfunktion eingebunden, sie sind auf Social Media Plattformen wie Twitter und Facebook präsent, manche haben ein separates Forum eingerichtet, verwenden Messenger wie WhatsApp zum Empfang von Audiokommentaren u.a.m. Von einer Zweiwegekommunikation kann im strengen Sinne jedoch nicht gesprochen werden, da diese als Kommunikationsform definiert ist, bei der „Kommunikator und Rezipient ihre kommunikativen Rollen tauschen und auf diese Weise im Gegensatz zur Massenkommunikation ein unmittelbares Feedback ohne Medienbruch (im Sinne eines Wechsels der Medientechnik) herstellen".[182] Ein Medienbruch ist im Fall von Podcasting jedoch erforderlich. In aller Regel erfolgt die Anschlusskommunikation in schriftlicher Form und mittels anderer Technologien wie Blogs oder E-Mail, wobei die zunehmende Ermöglichung und Einbindung von Feedback über den gleichen (akustischen) Kommunikationskanal via Audiokommentare den Medienbruch zumindest etwas abschwächt. Am ehesten lässt sich die podcastspezifische Kommunikation somit als eine eingeschränkt bidirektionale fassen.[183] Der Umgang der *LdN*-Redaktion mit dem Feedback ihrer Hörerschaft kann paradigmatisch für das Phänomen Podcasting im

181 Die Idee zum Lagezentrum stellen sie in LdN060, Kapitel 3 ‚Lagezentrum: Die Community-Redaktion' [08:24-13:39] vor.

182 Beck 2013, 390.

183 Vgl. dazu u.a. Niemann 2007, 43 f.

Allgemeinen stehen. Wie im vorangegangenen Abschnitt im Zuge der Ausführungen zur Bedeutung der Podcast-Community bereits angeklungen ist, spielt die Interaktion zwischen ProduzentInnen und NutzerInnen eine wesentliche Rolle. Der Ermöglichung von Kommunikation mit den HörerInnen und deren Einbindung werden in aller Regel viel Raum und Zeit eingeräumt und es besteht ein insgesamt kreativer Umgang mit den vielfältigen Möglichkeiten, die sich dabei ergeben. Dass es überhaupt eine so große Resonanz von Seiten der RezipientInnen gibt, ist zudem als bemerkenswert hervorzuheben, da der Eintritt in den Kommunikationsprozess – angesichts des Erfordernisses zum Medienwechseln – mit gewissen Hürden verbunden ist. Gerade mit Blick auf die charakteristische mobile Rezeptionsweise einer Podcast-Episode via Smartphone ist es für die HörerInnen erforderlich, diese Umgebung zu verlassen, eine Website, ein Blog oder Forum aufzusuchen – möglicherweise mit einem Wechsel an ein Notebook oder PC verbunden –, um dort ihr Feedback zu artikulieren. Das symmetrische Kommunikationsverhältnis zwischen RezipientInnen und KommunikatorInnen, die zum großen Teil als Privatpersonen auftreten, kennzeichnet Podcasting als Individualkommunikation. Dem Medium kommen hingegen aber auch Eigenschaften massenmedialer Kommunikation zu, insofern sich eine Einzelperson an eine für sie per se unbekannte Menge an HörerInnen richtet (*one-to-many*).[184]

Mit Blick auf das verwendete Zeichensystem bzw. Kommunikationsinstrument gilt für Podcasting schließlich „das Spezifikum der primären Auditivität".[185] Die Inhalte werden primär über den akustischen Übertragungskanal vermittelt, also über den Hörsinn aufgenommen, dessen distinguierenden Eigenheiten und Voraussetzungen sich gerade im Vergleich zum Sehsinn verdeutlichen lassen.

> Während der Vorgang des Sehens als ein zentrifugaler Prozess beschrieben werden kann, in dem die gesehenen Objekte als vom Subjekt getrennte Wirklichkeiten entworfen werden, ist das Hören als ein zentripetaler Prozess zu beschreiben. [...] Die zentripetale Ausrichtung des Hörvorgangs bildet die Basis unserer Identifikation mit dem Gehörten, sie kann zu einer Verschmelzung zwischen uns und der Musik führen.[186]

184 Zur traditionellen Dichotomie zwischen Individual- und Massenmedien bzw. Individual- und Massenkommunikation, die sich im Zuge der Digitalisierung zunehmend auflöst, vgl. u.a. Lüders 2008.

185 Niemann 2007, 41.

186 Brandstätter 2008, 218.

Was Ursula Brandstätte hier für die Wahrnehmung von Musik beschreibt, lässt sich auf die akustische Aufnahme gesprochener Sprache übertragen.[187] Die Audiosignale bzw. technisch vermittelten Stimmen dringen unmittelbar über das Ohr ein, mit dem Effekt, dass sich die SprecherInnenstimmen physisch nah anfühlen. Diese Wirkung wird insbesondere durch das übliche Rezeptionsverhalten, Podcasts über Kopfhörer zu hören, verstärkt: „With the headphones in place, listeners hear someone (or several people) speaking, quite literally, between their ears, adding a certain reality to the phrase ‚getting inside someone's head.'"[188] Im Unterschied zum Sehsinn, der Brandstätter zufolge Distanz zwischen dem Subjekt der Wahrnehmung und dem wahrgenommenen Objekt schafft, „kann der Hörsinn als involvierender Sinn beschrieben werden. Der dadurch zu begründende Verlust an Distanz bringt auf der anderen Seite ein höheres Maß an Identifikation und an Teilhabe".[189] Die Stimme ist an sich etwas sehr intimes, sie vermittelt eine ganze Reihe von Informationen: „Das Alter, das Geschlecht, der Bildungsgrad, die regionale und die soziale Herkunft, der gesundheitliche sowie der momentane emotionale Zustand können sehr zuverlässig aus dem Stimmklang und der Sprechweise eines Menschen entnommen werden."[190] Darüber hinaus ist die Stimme eines Menschen Walter Sendlmeier zufolge „immer auch Ausdruck seiner Persönlichkeit im Sinne überdauernder charakterologischer Eigenschaften".[191] Wir urteilen in aller Regeln sehr unmittelbar und direkt, ob uns eine Stimme angenehm oder unangenehm erscheint und ziehen damit also spontan Rückschlüsse auf den Charakter des Sprechers oder der Sprecherin. Das gilt für Podcasts, bei denen andere (visuelle) Hinweisreize wegfallen, umso mehr. Diese sinnesspezifischen Wirkmechanismen werden in der Podcast-Forschung an verschiedenen Stellen thematisiert, Podcasting wird wiederholt und konsensuell als ein sehr intimes Medium beschrieben, das eine intensive Beziehung der RezipientInnen zu den jeweiligen Stimmen der PodcasterInnen schafft: „The podcast, and particularly, the podcast listened to on the move, may be part of an evolution in parasocial phenomena and a fundamentally new form of mediated interpersonal communication."[192] Robert MacDougall, der sich speziell mit der mobilen Podcastnutzung befasst, sieht das Medium als prädestiniert für den Aufbau einer parasozialen Beziehung an. In der Wahrnehmung der RezipientInnen nehmen sie eine Person bzw. deren Stimme mit in ihre private, durch die

187 Musik und Ton spielen bei Podcasting zwar generell auch eine maßgebliche Rolle (insbesondere bei den aufwendig produzierten Storytelling-Formaten), allerdings weniger im hier behandelten Bereich der Politik-Podcasts, in denen das natürliche Gespräch im Zentrum steht.

188 MacDougall 2011, 722

189 Brandstätter 2008, 218

190 Sendlmeier 2012, 99.

191 Ebd.

192 MacDougall 2011, 716.

Kopfhörer geschützte Umgebung. Die inkorporierende Wirkung des akustischen Kanals erzeugt das Gefühl, am gehörten Gespräch involviert zu sein. Diese starke Bindung wird Dougall zufolge außerdem durch die akustischen Eigenschaften der ‚Blindheit' und ‚Körperlosigkeit' verstärkt: RezipientInnen erschaffen die Bilder von der zur Stimme zugehörigen Person und dem Gesagten aktiv in ihrer Vorstellungskraft: „In these cases, leaving the visual picture to the imagination appears to enhance the power, presence, and by extension, the powerfully parasocial persuasive effect of the messenger and his or her message."[193] Für ihn stellt Podcasting eine Manifestation der Abkehr von einem visuell-analytischen Modus hin zu etwas, das er in Anlehnung an Marshall McLuhan „the tactile embrace of the oral-aural"[194] nennt, dar. Womit auf die Unterscheidung zwischen dem menschlichen Seh- und Hörsinn abgehoben wird: Über den akustischen Wahrnehmungskanal verarbeiten wir die Inhalte verstärkt auf der emotionalen und weniger auf der analytischen, kognitiven Ebene.

Die spezifischen Eigenschaften und Wirkungen der vom Körper losgelösten und über räumliche Distanz hinweg technisch vermittelten Stimme waren schon lange vor Aufkommen von Podcasting Gegenstand anderer Forschungsgebiete, insbesondere der Radioforschung.[195] Richard Berry hebt aus der Perspektive der Radioforschung hervor, dass sich viele der Eigenschaften, die für die akustische Kommunikation im Radio gelten – intime Rezeption oder Aspekte der ‚Blindheit', ‚Körperlosigkeit' u.a.m. –, zwar gleichwohl auf das neue Medium Podcast übertragen lassen, dieses jedoch gerade mit Blick auf die Schaffung von Intimität noch einen Schritt weiter geht.

> Whilst radio is an intimate medium [...], it is possible to argue that podcasting takes this a stage further and offers, in many instances, a sense of ‚hyper-intimacy'. Podcasts are listened to in an intimate setting (headphones), utilizing an intimate form of communication (human speech). Furthermore, in many cases, podcasts are presented by people from within a listener's own community of interest or by people she/he may already have a relationship with via social media and are frequently recorded in a podcaster's own personal or domestic space. Unlike radio listeners, who may encounter programmes by chance and use them as sonic wallpaper, the podcast listener actively searches for content and puts time aside to listen.[196]

---

193 Ebd., 723.

194 Ebd., 717.

195 Vgl. u.a. Arnheim 1979. Zur technischen Realisierung der Stimme im Theater, Hörspiel und Film vgl. Pinto 2012 und zur Geschichte der Stimme Göttert 1998.

196 Berry 2016a, 666.

Die von Berry angeführten Kriterien, die Podcasting zu einem hyper-intimen Medium hervorheben, berühren nicht nur kommunikationsbezogene Aspekte, sondern liegen zum großen Teil wiederum auf der sozialen Ebene: Die Intimität wird auf einer symmetrischen Beziehungsebene geschaffen, die KommunikatorInnen stellen sich in den Augen der RezipientInnen als ‚einer von ihnen', als Mitglied derselben Gemeinschaft dar.

5.4 Medienangebot

Die in den letzten drei Abschnitten erörterten Komponenten des Medienkompaktbegriffs – Medientechnologie, sozialsystemische Institutionalisierung und Kommunikationsinstrument – sind „in einen systemischen und nicht bloß additiven Zusammenhang"[197] zu bringen.

> Das Zusammenwirken dieser Faktoren kann nur als ein systemisches, sich selbst organisierendes Zusammenwirken verstanden werden, bei dem keine der vier Komponenten unberücksichtigt bleiben darf. Wenn man also über Medienangebote spricht, dann muss man genau berücksichtigen, welche Möglichkeiten Kommunikationsinstrumente, Medientechnologien und sozialsystemische Ordnungen eröffnen und welche Einflüsse sie auf die Mediennutzer ausüben.[198]

Ausgehend von den bisherigen Ausführungen sollen in diesem Abschnitt die podcastspezifischen Merkmale abschließend zusammengefasst werden.

Die vorangegangenen Abschnitte haben gezeigt, dass Podcasting insgesamt ein sehr vielschichtiges Phänomen ist. Die dem Medium spezifischen Eigenschaften eindeutig zu benennen, ist angesichts der Heterogenität der Kriterien wie AkteurInnen, Produktionskontext, Anwendungszweck, Formaten, Themen, Nutzungsweise usw. nicht ganz einfach. Einerseits ließe sich nun genau diese Offenheit als ein wesentliches Charakteristikum anführen. Andererseits haben sich im Zuge der bisherigen Ausführungen einige zentrale Merkmale herauskristallisiert, die zwar einer strengen Begriffsdefinition (im Sinne der notwendigen und zusammen genommen hinreichenden Bedingungen) nicht unbedingt genügen, aber anhand derer sich das Medium Podcast in seinen grundlegenden Charakteristiken fassen und beschreiben lässt.

Podcasts zeichnen sich als ein persönliches und horizontales Medium aus: Die ModeratorInnen treten weitestgehend authentisch mit ihren persönlichen Meinungen und Haltungen auf. Das gilt für privat und unabhängig produzierte Podcasts natürlich in stärkerem Maße als für institutionell eingebundene, aber auch hier bemühen sich die diversen AkteurInnen überwiegend um einen persönlichen

197 Schmidt/Zurstiege 2007, 68.

198 Ebd., 64.

Ton. Betrachtet man symmetrische und asymmetrische Kommunikation als Endpunkte einer Skala, dann bewegt sich Podcasting deutlich stärker in Richtung einer symmetrischen Kommunikation. Das zeigt sich gerade im natürlichen Gespräch als überwiegend bemühte Kommunikationsform. Solche Gesprächs-Formate sind nicht ‚durchproduziert', sie nehmen sich Zeit, lassen Raum für (Denk-)Pausen, spontane Einfälle, inhaltliche Abzweigungen, freie Gesprächsentfaltung usw. D.h., sie lassen die RezipientInnen teilhaben am kommunikativen Prozess und setzen ihnen kein vorweg fertig komponiertes Produkt vor. Podcasting ist in diesem Sinne als ein langsames Medium zu charakterisieren. Das gilt für Podcasts schon *qua* Audio-Medium, insofern die akustische Informationsaufnahme per se langsamer vonstattengeht als das Lesen oder Überfliegen eines Textes. Aber der Effekt verstärkt sich durch die für das Medium typischen langen, zum Teil mehrstündigen Episoden. Damit laufen Podcasts dem Medientrend zu kurzen, schnell zu konsumierenden Inhalten deutlich entgegen und setzen vielmehr auf Entschleunigung. Die genannten Aspekte zeichnen Podcasts zusammen mit der typischen Rezeption der Inhalte im Schutzraum der Kopfhörer als intimes bzw. hyperintimes Medium aus. Durch eine solche horizontale und intime Kommunikation wird die interaktive Komponente von Podcasting, als weiteres Charakteristikum, maßgeblich begünstigt. ProduzentInnen stellen vielfältige Rückkanäle zur Anschlusskommunikation bereit, die von den HörerInnen aktiv genutzt werden, gerade weil die sozialen wie auch technischen Hürden so niedrig sind. Eine klare Trennung zwischen ProduzentInnen und RezipientInnen verschwimmt damit in Teilen. In einer etwas enger geführten Perspektive auf die Ursprünge des Mediums bzw. auf die von privaten Einzelpersonen unabhängig produzierten Medieninhalte lässt sich Podcasting des Weiteren als emanzipatorisches und partizipatives Graswurzelmedium kennzeichnen. Im Sinne einer „doppelten Ermächtigung"[199] können NutzerInnen ihre Inhalte, Meinungen und Themen in die Öffentlichkeit tragen und am medialen Diskurs teilhaben. Den RezipientInnen wird es wiederum ermöglicht, Podcastinhalte zeit- und ortssouverän zu nutzen. Sie entscheiden selbstbestimmt darüber, welche Inhalte sie wo und wann konsumieren möchten. Podcasting erweist sich in der Nutzungsweise dabei vor allem als ein mobiles Medium.

Die grundlegenden Voraussetzungen dafür stellen hierbei Computertechniken und das Internet. Podcasting mit seinen spezifischen Eigenschaften kann nur gegeben dieser technischen Infrastruktur und den damit verknüpften Nutzungsweisen bestehen. Die genannten Aspekte (Interaktivität, Partizipation, Mobilität, Souveränität usw.) sind nicht exklusiv auf das Medium Podcast zu beziehen. Zum einen reiht es sich neben anderen Anwendungsformen im Netz ein, denen diese

199 Vgl. Dorn-Fellermann/Thieme 2011.

Charakteristiken gleichermaßen zukommen. Zum anderen lassen sich diese Merkmale auf einer übergeordneten Ebene auch für das Internet im Allgemeinen formulieren. Im Vergleich zu anderen (analogen) Medien wird immer wieder auf dessen „Vielgestaltigkeit und Heterogenität hinsichtlich der verwendeten Zeichensysteme, der beteiligten Kommunikationspartner, der kommunikativen Formen und Funktionen, aber auch der institutionellen und organisatorischen Aspekte“[200] abgehoben. Konzeptionell wurde und wird das Internet als hybrides, multimediales, konvergentes, integratives bzw. als Universal- oder Hypermedium gefasst. Die einzelnen Begriffe sind grundsätzlich nicht synonym zu setzen (sie heben im Detail vielmehr auf je verschiedene Aspekte ab und eignen sich mehr oder wenige gut für eine Beschreibung und Analyse), haben aber einen gemeinsamen Kerngedanken: Das Internet stellt durch seine technischen Grundbedingungen einen Raum bereit, in dem verschiedene Medien, Kommunikationsformen und Funktionen, die vormals weitestgehend getrennt voneinander waren, zusammenkommen. Die zentrale technologische Grundlage dafür liefert die Digitalisierung der Informationen bzw. Inhalte, d.h. deren Überführung in ein einheitliches, universales für Computer lesbares und weiter zu verarbeitendes Format, das sich als binärer Code darstellt. Die Umwandlung oder Herstellung diverser Zeichensysteme – Schrift, Bild, Ton usw. – in digitalisierte Daten ermöglicht es, diese in vielfältiger Weise miteinander zu kombinieren. Neben der Kombinatorik verschiedener Zeichensysteme laufen im Internet zudem die verschiedenen Kommunikationsmodi – „interpersonale und publizistische, private, organisationsinterne und öffentliche Kommunikation“[201] – zusammen, womit gleichfalls unterschiedliche Funktionen bedient werden: das Internet als Plattform zum Beziehen von Informationen, als Forum für öffentliche Diskussionen oder als Medium der interpersonalen Kommunikation.[202] Es geht bei all dem nicht allein um das additive Bündeln oder Zusammenführen verschiedener semiotischer Inhalte, Kommunikationsmodi oder Funktionen, sondern vor allem um deren vielschichtige Vernetzung und Integration. Die eigentlichen Medienbrüche oder Differenzierungen werden in der alltäglichen Online-Anwendung in aller Regel kaum mehr wahrgenommen. Die charakteristischen Eigenschaften von Podcasts als interaktives, horizontales oder konvergentes Medium erklären und bedingen sich also durch die Merkmale der internetbasierten Kommunikationsumgebung, deren Teil Podcasting ist. Podcasts sind damit als netzkulturelles Phänomen bzw. als Netzmedium zu verstehen.[203] Diese These soll im folgenden Kapitel näher ausgeführt werden.

200 Beck 2010, 17.

201 Ebd., 15.

202 Vgl. ebd., 22.

203 Eine These, die auch von der Medienwissenschaftlerin Nele Heise vertreten wird, vgl. Heise (2015).

6. Podcasts als Netzmedium am Beispiel der *Lagebilder*

In diesem Kapitel soll die These vertreten und erörtert werden, dass Podcasts nicht allein als Audio-, sondern auch und vor allem als Netzmedium zu konzeptualisieren sind. Das auditive Angebot in Gestalt der konkreten Podcast-Episoden lässt sich zwar als wesentliches Kernelement verstehen, aber das Phänomen Podcasting als Ganzes ist nur in seiner Eingebundenheit in einer Online-Umgebung zu fassen, sprich mit Blick auf die verschiedenen und vielfältig bemühten Kommunikationskanäle bzw. -Räume. Die These soll exemplarisch anhand der spezifischen Kommunikationsstruktur der *Lagebilder* nachvollzogen werden.

Die Ausführungen in Kapitel fünf haben gezeigt, dass sich der Podcast *Lage der Nation* die netzspezifische Umgebung in vielfältiger und überlegter Weise zu Nutzen macht: zur Organisation der internen redaktionellen Arbeit und Vorbereitung der Podcast-Episoden; bei der Postproduktion und Distribution der Medieninhalte; hinsichtlich der Integration und Vernetzung themenbezogener Medieninhalte; und vor allem mit Blick auf die Interaktionsmöglichkeiten mit der Hörerschaft. Es werden mehrere Rückkanäle bemüht – E-Mail, die Kommentarspalte auf dem Blog, Social Media-Plattformen oder Live-Veranstaltungen –, um den RezipientInnen die Möglichkeit zur Anschlusskommunikation zu geben bzw. mit ihnen in Interaktion treten zu können. Aus den verschiedenen, miteinander verzahnten Kommunikationsräumen soll im Weiteren das Format der *Lagebilder* herausgegriffen und dargestellt werden.

„Ihr hört den Podcast, was seht ihr dabei?“[204] Mit dieser Frage rufen Philip Banse und Ulf Buermeyer in der 43. Folge im Februar 2017 die *Lage*-Hörerschaft dazu auf, ihnen per E-Mail Bilder zukommen zu lassen – Bilder von dem, was sie sehen, wenn sie gerade die *LdN* hören. „Ich stell mir das vor, dass, wenn da ein bisschen was kommt, dass das irgendwie so ein sehr stimmungsvolles Kompendium über dieses Erlebnis Podcasthören sein könnte.“[205] Diese zu diesem Zeitpunkt noch sehr spontane und vage Idee bahnt sich bereits in der vorangegangen Folge an, in der sie sich ganz angetan davon zeigen, dass ihnen HörerInnen vor allem über Twitter schreiben, wo und wie sie den Podcast hören bzw. welche Rolle er in ihrem Alltag einnimmt. Die Idee der Lagebilder nimmt so gesehen also ihren Ausgang bei den Äußerungen einzelner HörerInnen, die von den Moderatoren aufgegriffen und in einem planvollen Projekt weiterverfolgt werden. Der Aufruf trifft auf eine große Resonanz, mit der die Moderatoren laut eigener Aussage nicht gerechnet haben. In Folge 44 widmen sie den Lagebildern ein eigenes Kapitel, in dem sie sich für die fast 300 eingesendeten Fotos bedanken und über die Idee und die weiteren Pläne reflektieren. Für sie ergebe sich durch die Lagebilder eine neue

204 LdN043, Kapitel 27 ‚Abschied: Schickt Fotos vom Podcast-Hören‘ [1:43:36].

205 Ebd. [1:44:01].

Art der HörerInnenbeziehungen, die im Vergleich zur inhaltlichen Auseinandersetzung in den Kommentaren eine andere, persönlichere Ebene aufmache. Zudem zeige sich an den Bildern auch Charakteristisches über das Phänomen Podcast, nämlich wo und in welchen Situationen Podcastinhalte rezipiert würden.[206] Es lasse sich deutlich erkennen, dass Podcast vor allem ein ‚Nebenbei-Medium' sei: Die Bilder zeigen ihre HörerInnen beim Putzen, beim Spazierengehen (mit dem Hund), unterwegs beim Autofahren oder in öffentlichen Verkehrsmitteln, aber auch abends im Bett und an ungewöhnlichen Orten wie z.B. in einem Nachtzug in Thailand. Gerade die Vielzahl an Bildern aus den unterschiedlichsten Ländern gab Anlass zur Idee der Erstellung einer *Lagekarte*, d.h. einer virtuellen Weltkarte, in die alle Fotos, bei denen die entsprechenden GEO-Koordinaten als Information hinterlegt sind, mit einem Unschärfefilter von rund 1km eingebunden werden. Die Lagekarte verzeichnet aktuell (Stand 11.10.2018) 794 Bilder, im Februar 2018 sprechen sie von bislang etwa anderthalbtausend Einsendungen.[207] Die Fotos finden sich zudem auf ihrem Instagram-Kanal als auch auf einer separaten Blogseite.

Wie genau stellt sich der Kommunikationsprozess des Formats dar? Mit Blick auf die daran beteiligten AkteurInnen und deren Rolle lassen sich drei Phasen bzw. Ebenen festmachen. Auf der ersten Ebene liegt eine Form der asynchronen, *one-to-many*-Kommunikation mit einer klaren Rollenverteilung zwischen den Kommunikatoren und RezipientInnen vor. Banse und Buermeyer senden ihr aufgezeichnetes Gespräch in Form einer technisch codierten Audiodatei vermittels des Internets an eine anonyme Gruppe von Personen, die sich dieses zeitversetzt anhören kann. Der Bezug der Inhalte kann dabei einerseits durch eine aktive Handlung erfolgen, indem der Podcast abonniert wird, die Audiodatei manuell von der Blogseite heruntergeladen oder dort oder auf anderen Plattformen wie YouTube oder Spotify gestreamt wird (*pull-Komponente*). Andererseits können sich die RezipientInnen die Inhalte nach dem einmaligen Abonnieren in einer entsprechenden Anwendung automatisch zuspielen lassen (*push-Komponente*). Auf der zweiten Ebene wechselt diese Rollenverteilung. Die einerseits passiven RezipientInnen produzieren und kommunizieren jetzt andererseits ihre eigenen Inhalte in Form der Lagebilder, wobei Rezeption (der Podcast-Episode) und Produktion (der Fotos) synchron, also zur selben Zeit, stattfinden. Den Moderatoren Buermeyer und Banse, die jetzt die Rolle der Rezipienten einnehmen, werden die Bilder per E-Mail zugeschickt, somit liegt hier eine Form der technisch vermittelten interpersonalen, privaten Kommunikation vor (*one-to-one*). Im Zuge der dritten Phase des Kommunikationsprozesses verschwimmt die Trennung zwischen ProduzentInnen und RezipientInnen-Rolle weitestgehend. Die von den HörerInnen produzierten Fotos werden von Banse und Buermeyer gesichtet und gebündelt an drei Orten

---

206 Vgl. LdN044, Kapitel 2 ‚Lagebilder: Eure Fotos' [00:20-08:14].

207 Vgl. LdN085, Kapitel 1 ‚Begrüßung' [01:54-03:14].

(auf dem Blog, auf Instagram und auf der Lagekarte) online für alle öffentlich zugänglich gemacht. Sie schaffen damit, insbesondere mit der Lagekarte, ein neues Medienangebot: Aus den einzelnen Bildern wird ein öffentlich einsehbares Gesamtbild, das den ursprünglichen ProduzentInnen der Fotos, die damit gleichermaßen wieder die Rolle der RezipientInnen einnehmen, präsentiert wird.

An den Lagebildern lassen sich verschiedene Aspekte herausstellen. Einen davon beschreiben die Initiatoren des Formats selbst wie folgt:

> Es war eine spontane Idee, hat sich aber zu einem Genre entwickelt, dass uns sehr viel bedeutet. Durch Eure Bilder und die kleinen Geschichten ihrer Entstehung spüren wir eine bisher unbekannte Nähe zu Euch. Während Kommentare im Blog eine intellektuelle, inhaltliche Verbindung schaffen, erzeugen die Fotos eine emotionale Dimension, die wir bisher nicht kannten. Die Fotos bewirken ein starkes Gefühl der Verbundenheit zwischen uns und Euch.
>
> Sie sind daher auch Symbol für die Einzigartigkeit des Mediums Radio, hier in ihrer persönlichen Form, dem Podcast. Kein anderes Medium kann so eine enge, persönliche Verbindung erzeugen zwischen den Produzenten und den Hörern und Hörerinnen. Es gibt zwar verschiedene Rollen – auch wenn die Grenzen zwischen von Produzenten und Konsumenten verschwimmen –, aber so ein Podcast wie die Lage ist ein Ökosystem, indem sich unsere Leben überschneiden und teilweise verbinden. Das ist etwas sehr Besonderes und Eure Lagebilder sind Ausdruck dieser Verbundenheit. Danke.[208]

Das heißt, die Bedeutung, die Banse und Buermeyer diesem Format zuschreiben, liegt für sie vor allem im Aufbau einer besonderen Art der Beziehung zu ihrer Hörerschaft. Das entspricht einerseits den Ausführungen des vorangegangenen Kapitels: Podcasts eignen sich zur Herausbildung parasozialer Beziehungen, indem sie eine besondere Form der Nähe und Intimität schaffen. Andererseits verschieben sich hierbei einige Faktoren, nämlich die Perspektive und das zugrunde liegende Zeichensystem. Stand bislang die auditiv vermittelte Stimme der Moderatoren im Fokus, auf Grundlage derer die RezipientInnen eine Beziehung zu den Sprechern aufgebaut haben, so wechselt die Perspektive jetzt auf die Hörerschaft, die den Moderatoren auf der visuell-bildlichen Ebene einen Einblick in ihre Lebenswelt ermöglichen und bei ihnen dadurch ein Gefühl der Verbundenheit erzeugen. Das intime auditive Medium Podcast erweitert sich also um eine bildliche Ebene, auf der private und persönliche Inhalte vermittelt werden.

Anhand der Lagebilder wird weiterhin der mobile Charakter des Mediums Podcast deutlich und es vermittelt sich ein Eindruck, wo und in welchen Situationen Podcasts gehört werden. Die Fotos zeigen zum überwiegenden Teil Motive

208 Banse/Buermeyer (o.D.).

von unterwegs oder von Aktivitäten, die die RezipientInnen währenddessen ausüben, zumeist bei der Hausarbeit. Die Frage, inwieweit die Bilder tatsächlich ein gutes Abbild typischer Rezeptionsumgebungen darstellen, muss hier offenbleiben. Auf einen ersten Blick stellt sich zumindest der Eindruck ein, dass die Anzahl gut komponierter und wohlüberlegter Urlaubsfotos gegenüber schnellen Schnappschüssen aus dem Alltag überwiegt. Das würde darauf hindeuten, dass das Format vermehrt zu Inszenierungszwecken genutzt wird.

Die einzelnen Bilder werden von der Lage-Redaktion im Wesentlichen in zwei Weisen als neues Gesamtgebilde präsentiert. Sie werden zum einen als eine Art Bilderschau auf der Blogseite und auf Instagram gebündelt nebeneinandergestellt. Die RezipientInnen können sich durch das Angebot scrollen und erhalten einen unmittelbar visuellen Eindruck von den Lebenswelten der anderen Lage-HörerInnen. Das verbindende Moment dieser Fotos liegt allein in dem Umstand, dass die UrheberInnen alle zum Zeitpunkt der Aufnahme die *LdN* gehört haben. Damit wandelt sich auf dieser Ebene der visuellen Gesamtschau das solitäre Hören der einzelnen Personen zu einem Gemeinschaftserlebnis. Bei der Lagekarte werden die Bilder demgegenüber in einer anderen Art und Weise eingebunden und präsentiert. Hier sind es nicht die Fotos, die die RezipientInnen auf den ersten Blick zu sehen bekommen, sondern das Abbild einer Weltkarte mit einer Vielzahl ikonischer Stecknadeln. RezipientInnen können die einzelnen Ortsmarkierungen anwählen und bekommen daraufhin dasjenige Lagebild angezeigt, das an diesem Ort aufgenommen wurde. Die Fotos sind hier also nicht wie bei der Bilderschau unmittelbar einsehbar, sondern liegen ‚hinter' der graphischen Darstellung der Weltkarte, womit sich der Fokus stärker auf die geographische Verortung der Bilder verschiebt. Das gemeinschaftliche Hören wird gleichfalls zu einem globalen Ereignis.

7. Fazit: Podcasts als politisch-medialer Kommunikationsraum

Ziel der vorliegenden Studie war es, Podcasts bzw. das Genre der Politik-Podcasts vorzustellen und als eine neue Form des politischen Gesprächs zu diskutieren. Dafür wurden im Wesentlichen die Entstehungs- und Entwicklungsgeschichte des Mediums skizziert, eine Übersicht über das politische Podcast-Angebot in Deutschland gegeben und die medienspezifischen Merkmale entlang des konkreten Beispiels der *Lage der Nation* herausgearbeitet. Den Ausführungen lag dabei die Annahme zugrunde, Podcasting nur mit Blick auf dessen internetbasierte Kommunikationsumgebung sinnvoll konzeptualisieren zu können. Die Ergebnisse der Analyse sollen abschließend mit Rückgriff auf die in der Einleitung angerissenen öffentlichkeitstheoretischen Erwägungen eingeordnet und diskutiert werden.

In der polarisierten Debatte um die Folgen des Internets stehen sich ganz grundsätzlich die Hoffnung auf eine Demokratisierung der Gesellschaft einerseits und die Befürchtung eines Zerfalls der Öffentlichkeit andererseits gegenüber. Beiden Positionen liegt die Beobachtung eines Strukturwandels der Öffentlichkeit zugrunde, infolgedessen sie sich in mehrere Teilöffentlichkeiten ausdifferenziert – eine Einsicht, die vom euphorischen bzw. skeptischen Lager jeweils unterschiedlich aufgefasst und bewertet wird.[209] Dieser Kontroverse liegen dabei grundlegend unterschiedliche Öffentlichkeitstheorien und -Modelle und damit auch verschiedene normative Funktionszuschreibungen zugrunde: Was soll Öffentlichkeit leisten und welchen Ansprüchen muss sie genügen?[210] Der Debatte in ihrer Umfänglichkeit und Komplexität können die folgenden Ausführungen keinesfalls gerecht werden, nichtsdestotrotz lassen sich einzelne Argumente herausgreifen und vor dem Hintergrund der herausgearbeiteten Ergebnisse auf Podcasting, als Teil der internetbasierten Öffentlichkeit, rückbeziehen.

Mit dem Internet haben sich die Bedingungen öffentlicher Kommunikation in vielerlei Hinsicht verändert, u.a. mit Blick auf die Informationsbeschaffung, der Artikulations- und der Partizipationsmöglichkeiten. Auf Seiten derjenigen, die im medialen Wandel vor allem das Demokratisierungspotenzial des Internets sehen, stellt sich die Herausbildung von Teilöffentlichkeiten in erster Hinsicht positiv gewandt als Pluralisierung dar. Die technischen Bedingungen des Internets ermöglichen einer wesentlich größeren Zahl heterogener AkteurInnen die mediale Teilhabe am und die Repräsentation ihrer Interessen im öffentlichen Diskurs. Vor der Digitalisierung waren es primär die publizistisch und massenmedial hergestellten Öffentlichkeiten, aus denen das Publikum seine Informationen bezog. Heute kann potenziell jede Person mit einem Internetzugang ihre eigenen Inhalte für

209 Vgl. u.a. Jarren/Imhof/Blum 2000.

210 Für eine Übersicht der unterschiedlichen Öffentlichkeitstheorien vgl. Imhof 2003.

andere Menschen zugänglich machen und damit an der Konstitution von Öffentlichkeit mitwirken. Die darin gesehenen Demokratisierungspotenziale knüpfen sich dabei vor allem an die Hoffnung, dass „auch bislang marginalisierte Personen und Gruppen Gegenöffentlichkeiten schaffen könnten, weil die bisher geltenden Hürden und Zutrittsbarrieren zur Öffentlichkeit entfielen und die Bedeutung von professionellen Redakteuren als Gatekeeper für Informationen entfielen".[211] Das heißt, die Ansprüche, die in diesem Zusammenhang primär an Öffentlichkeit erhoben werden, liegen in der Bereitstellung eines für alle Gesellschaftsmitglieder offen stehenden Zugangs zum öffentlichen Diskurs. „Vertreterinnen und Vertreter einer enthusiastischen Position verfolgen in unterschiedlichen Ausprägungen ein diskurstheoretisches Modell von Öffentlichkeit, das sich, wenn auch meist nicht explizit, an Habermas' Modell des Strukturwandels der Öffentlichkeit anlehnt."[212] Diesem Ideal einer Emanzipation von der Deutungshoheit der Massenmedien bzw. einer Unterwanderung hegemonialer Machtstrukturen durch eine Pluralisierung der Akteursgruppen steht die pessimistisch-kritische Sichtweise gegenüber, die in diesen Entwicklungen vor allem eine Fragmentierung und Zersplitterung der Öffentlichkeit ausmacht: „Weil immer mehr Sprecher auftreten und immer mehr Informationen verfügbar seien, würde die Basis für gemeinsames Wissen und geteilte Themen immer kleiner."[213] Der Fragmentierungs-These liegt die Annahme zugrunde, dass sich – gegeben eines immens gestiegenen und vielfältigen medialen Angebots und eines unveränderten Zeit- und Aufmerksamkeitsbudgets – das Publikum in viele Teilpublika ausdifferenziere und damit ein Rückgang gemeinsam geteilter Medienerfahrungen einhergehe.[214] Die Öffentlichkeit bzw. die massenmedial hergestellte Öffentlichkeit wird hier also vor allem mit Blick auf deren Integrations- und Orientierungsfunktion diskutiert. Das heißt, die Kontroverse über die Herausbildung von Teilöffentlichkeiten dreht sich nicht nur um die Vervielfältigung der AkteurInnen, sondern gleichermaßen um die damit einhergehende Pluralisierung respektive Fragmentierung der öffentlichen Themen und Inhalte.

Inmitten dieser beiden Pole haben sich eine Vielzahl von Positionen etabliert, die eine realistischere und ausgewogenere Perspektive einnehmen. Die utopische Vorstellung einer Demokratisierung durch die bloße Möglichkeit der öffentlichen Teilhabe aller BürgerInnen ist einem vielmehr nüchternen Blick gewichen: Die technischen Möglichkeiten allein führen gegeben diverser sozialer Faktoren per se zu keiner Demokratisierung. Tatsächlich erweist sich das Internet nicht als für alle Menschen gleich zugänglich und kann somit „auch soziale Ungleichheit durch

211 Schmidt, J. 2006, 128.
212 Donges 2003, 258.
213 Schmidt, J. 2006, 98.
214 Vgl. Rössler 2000, 169.

nicht egalitäre Zugangsbedingungen und Gebrauchsformen des Netzes reproduzieren".[215] Gerade die gegenwärtig geführten Debatten rund um die Schlagworte *Hate Speech* und *Fake News* im Netz verdeutlichen, dass nicht alle am Diskurs Beteiligten notwendig ein Interesse an einem deliberativen, also auf Verständigung und Wahrhaftigkeit basierten Kommunikationsprozess haben, sondern sich gerade auch rechtsextremistische und demokratie- und verfassungsfeindliche Gruppierungen breit machen.

Podcasts haben nun ihren Teil am Strukturwandel, d.h. an der Herausbildung von Teilöffentlichkeiten beigetragen. Wie der historische Abschnitt der vorliegenden Studie gezeigt hat, wurde das Medium im Sinne eines Graswurzelmediums anfangs primär von Einzelpersonen bzw. Laien genutzt, die sich darüber die Möglichkeit verschafft haben, ihre eigenen, zum Großteil sehr spezifischen und persönlichen Themen, einem Publikum öffentlich zugänglich zu machen. In diesem Hinzukommen neuer AkteurInnen, der Besetzung von Nischenthemen und der Adressierung einer kleinen, spezialisierten Hörerschaft ist eine Erweiterung der Themenagenda klassischer Öffentlichkeitsarenen grundsätzlich gegeben. In welchem Ausmaß sich das genau darstellt, ist eine empirische Frage. Die im Forschungsstand vorgestellten Studien legen den Schluss nahe, dass es sich im Fall von Podcasting mit Blick auf die demographischen Charakteristika um eine tendenziell homogene Gruppe von AkteurInnen handelt. Die Ergebnisse haben gezeigt, dass vorwiegend männliche, bildungsnahe und einkommensstarke Personen um die 30 Jahre Podcasts nutzen (auf ProduzentInnen- als auch RezipientInnen-Seite), die ihre Tätigkeit zum Teil als explizit politisch motiviert erachten. Vor dem Hintergrund des in Kapitel vier dargestellten politischen Angebots stellt sich auch hier der Eindruck ein, dass Politik-Podcasts im Bereich der unabhängigen, privaten Produktionen von einer recht homogenen Personengruppe produziert werden. Die überwiegend männlichen Produzenten und Moderatoren weisen entweder eine journalistische Berufsqualifikation auf oder haben ein politikwissenschaftliches Studium absolviert bzw. sind im politischen Betrieb in unterschiedlicher Form aktiv. Das heißt, Podcasts werden in diesem Bereich größtenteils von Personen in Anwendung gebracht, die per se schon über ein politisches Interesse, einen entsprechenden Sachverstand und eine nötige Medienkompetenz verfügen. In ihrer journalistischen oder politischen Funktion stand ihnen zudem im Vorfeld schon ein Zugang zur medialen Öffentlichkeit bereit. Podcasts stellen hier also keine komplett neue, sondern eine zusätzliche Möglichkeit der medialen Teilhabe dar. Oder anders gesagt, zeigt sich, dass die Hoffnung auf eine Pluralisierung in diesem konkreten Fall nicht eingelöst wurde, insofern eine politische Mobilisierung hier vorwiegend diejenigen Personen betrifft, die von Vornherein ein politisches Anliegen und gute Ausgangsvoraussetzungen

215 Drüeke 2013, 12.

hatten. Allerdings hat die vorliegende Untersuchung nur einen recht eng umgrenzten Teil des Angebots politischer Podcasts betrachtet, mit einer erweiterten Perspektive würde sich gegebenenfalls ein anderes Bild ergeben.

Mit Blick auf Prozesse des Agenda-Settings hat sich im Bereich der Politik-Podcasts gezeigt, dass es weniger um die Thematisierung von im Mainstream vernachlässigter Inhalte geht, sondern die massenmediale Berichterstattung vielmehr als Ausgang und Grundlage fungiert. D.h. die meisten Politik-Podcast beziehen sich auf die von den Massenmedien gesetzten Themen und verstärken in dieser Hinsicht deren Agenda-Setting. Das lässt sich exemplarisch an den Shownotes der *Lage der Nation*-Episoden veranschaulichen, die zum überwiegenden Teil auf (Online-)Medieninhalte der etablierten Medien verlinken.[216] Andererseits liegt der zentrale Anspruch von Podcasting in der persönlichen Beurteilung und Kommentierung der politischen Geschehnisse und der medialen Berichterstattung über diese. Sprich, das Agenda-Setting der publizistischen Medien wird nicht bloß übernommen, sondern auch durch persönliche Einschätzungen kritische hinterfragt und zur Diskussion gestellt.

> Also ist statt der Fragmentierung der gesellschaftlichen Öffentlichkeit vielmehr ihre Erweiterung am Übergangsbereich zur interpersonalen Kommunikation zu beobachten. Die wesentliche Bedeutung von Weblogs liegt weniger auf der Ebene des massenmedialen Agenda Settings, sondern in ihrer Erweiterung der Möglichkeiten für Interaktionen in sozialen Netzwerken unterschiedlicher Größe und Dichte.[217]

Diese Einschätzung Jan Schmidts, die er auf das Medium Weblog bezieht, lässt sich gleichfalls auf Podcasting übertragen. Weblogs respektive Podcasts übernehmen demnach „eine Mittlerfunktion zwischen massenmedialer und interpersonaler Kommunikation [...], weil sie einerseits Informationen aus der massenmedialen Öffentlichkeit in die kleinteilig-lokalen sozialen Netzwerke einspeisen, andererseits dort die Artikulation und den Austausch von persönlichen Meinungen fördern".[218] Das heißt, die Befürchtung oder Kritik einer zunehmenden Zersplitterung der Öffentlichkeit durch Podcasts kann insofern entkräftet werden, als dass Politik-Podcasts zum einen überwiegend die publizistische Berichterstattung der etablierten Medien als Quelle und Diskussionsgrundlage integrieren. Zum anderen unterbreiten sie durch die individuell-subjektive Kommentierung und Artikulation der persönlichen Ansichten und Haltungen ein horizontales Gesprächsangebot, das RezipientInnen durch verschiedene Optionen der Anschlusskommunikation wahrnehmen können. Hieran offenbart sich auch wieder die zentrale Einsicht, Podcasts als Netzmedium zu verstehen. Die vielfältigen Möglichkeiten zur

216 Zu diesem Ergebnis kommt im Übrigen auch Schmidt, J. (2006, 138) in Bezug auf Weblogs.
217 Schmidt, J. 2006, 138.
218 Ebd., 139.

Vernetzung und Integration der öffentlichen Inhalte und GesprächsteilnehmerInnen (Shownotes, Podcast-Suchmaschinen, Community- und Diskussionsforen, usw.) sind nur durch die technologisch-organisatorischen Voraussetzungen des Internets gegeben.

Der durch das Medium Podcast bereitgestellte Raum politisch-medialer Kommunikation ist jedoch nicht mit dem der Weblogs in Gänze gleichzusetzen. Auf der medientechnologischen und sozialsystemischen Ebene lassen sich zwar einige Parallelen ziehen, aber hinsichtlich des verwendeten Kommunikationsinstruments konstituieren Podcasts einen eigenständigen, spezifischen Kommunikationsraum. Es hat sich gezeigt, dass Podcasts zwar häufig in Weblogs eingebunden sind (wie z.B. im Fall der *Lage der Nation*), sodass die Möglichkeit der Anschlusskommunikation in Form von Kommentarspalten ebenso textbasiert organisiert ist wie bei Weblogs. Allerdings bedingt die über den akustischen Wahrnehmungskanal vermittelte Ausgangskommunikation der einzelnen Podcast-Episoden andere und spezifische Kommunikationsprozesse. Die Ergebnisse der Analyse lassen sich dahingehend zusammenfassen, dass die im auditiven Raum evozierte Intimität und Nähe – Intimität der technisch vermittelten Stimme, intime Rezeption im Schutzraum der Kopfhörer, das natürlich geführte Gespräch, das Einsichten in die Denkweisen der SprecherInnen eröffnet – tendenziell den Aufbau einer parasozialen Beziehung implizieren und damit den Eintritt in ein Gespräch fördern. Damit ließe sich die oft gemachte Beobachtung erklären, dass Diskussionen in podcastbasierten Kommunikationsräumen konstruktiver ablaufen als an anderen Orten des Internets. Ein weiterer Grund ließe sich auch in dem erforderlichen Medienwechsel ausmachen: Wer sich die Mühe der vergleichsweise aufwendigen Anschlusskommunikation macht, scheint auch ein ernsthaftes Interesse an einem sachdienlichen Beitrag zu haben. Ob politische Diskurse in den von Podcasts gestellten Plattformen tatsächlich besser funktionieren als z.B. in der Weblog-Kommunikation ist eine empirische Frage. Am Beispiel der *Lage der Nation* ließe sich die These zumindest bestätigen.

Abschließend lässt sich die öffentlichkeitstheoretische Einordnung von Podcasting entlang der in der Literatur etablierten Unterscheidung zwischen drei Ebenen von Öffentlichkeit vornehmen: der *Encounter-Ebene*, der *Themen- oder Versammlungsöffentlichkeit* sowie der *Medienöffentlichkeit*.[219] Auf der Encounter-Ebene findet Kommunikation zwischen wenigen Personen, die mehr oder minder zufällig und spontan an öffentlichen Orten wie Cafés, der Bahn-Haltestelle oder am Arbeitsplatz aufeinandertreffen, statt. Themen- oder Versammlungsöffentlichkeiten sind demgegenüber als „thematisch zentrierte Interaktions- oder Hand-

219 Vgl. Gerhards/Neidhardt 1990. Für eine Erörterung des Mehr-Ebenen-Modells vgl. u.a. Jarren/Donges 2016, 85 f.

lungssysteme zu verstehen, beispielsweise in Form von Veranstaltungen oder Demonstrationen".[220] Das heißt, die hierbei hergestellte Öffentlichkeit ist wesentlich organisierter, stabiler und durch eine weitestgehende Trennung der unterschiedlichen Funktions- und Kommunikationsrollen charakterisiert. Eine dauerhaft organisierte, durch klare Strukturen und Regelsysteme vorgegebene öffentliche Kommunikation findet schließlich auf der dritten Ebene der Medienöffentlichkeit statt, die von professionellen AkteurInnen hergestellt wird. Das Internet umfasst, wie u.a. Schmidt festhält, alle drei Ebenen:

> So sind mit den Online-Ablegern etablierter publizistischer Angebote auch massenmedial-journalistische Öffentlichkeiten im World Wide Web vertreten; Äquivalente zur Versammlungsöffentlichkeit lassen sich in thematisch fokussierten Foren oder Weblogs finden, und die Encounter-Öffentlichkeit können sich auf Profilwänden von Netzwerkplattformen oder in Chatrooms niederschlagen.[221]

Eine Verortung von Weblogs als auch Podcasts auf dieser zweiten Öffentlichkeitsebene findet sich zudem bei Christoph Bieber, der die beiden Kommunikationsformen aus einer politikorientieren Perspektive als Veranstaltungsöffentlichkeiten charakterisiert.[222] Die dafür notwendigen Kriterien wie einer raum-zeitlichen Verortung, einer organisierten und zweckhaften Zusammenkunft mehrerer Personen und das Anbieten und Verhandeln themenzentrierter und gesellschaftlich relevanter Inhalte finden ihm zufolge in der Kommunikations- und Organisationsstrukturen von Podcasting eine Entsprechung. Das lässt sich am Beispiel der *Lage der Nation* wie folgt illustrieren: Hier werden in einem regelmäßigen Veröffentlichungsrhythmus (am Ende der Woche, meistens freitags) an öffentlich zugänglichen Orten (der Website als auch auf den diversen anderen Distributionskanälen) Inhalte von gesellschaftlichem Belang bereitgestellt, die eine große Anzahl von Personen erreichen. Mit der thematischen Festlegung auf die tagesaktuellen politischen Ereignisse und vor allem durch die Integration publizistischer Quellen der Massenmedien und deren Vernetzung mittels der Shownotes wird zudem das Interesse bekundet, sich in die öffentliche Debatte einzubringen. Gerade die Bereitstellung und Organisation von Interaktionsmöglichkeiten und die regelmäßige Einbindung von Feedback zeugt vom Anspruch, eine über die individuelle, interpersonelle Kommunikation hinausgehende diskursive Öffentlichkeit herzustellen.

Die Beschreibung von Podcasts als Versammlungsöffentlichkeit trifft umso mehr zu, als dass das Medium neuerdings vermehrt vom virtuellen gleichermaßen in den analogen Raum getragen wird. Viele Podcasts, darunter auch die *LdN* mit

220 Jarren/Donges 2016, 85.
221 Schmidt, J. 2009, 96 f.
222 Vgl. Bieber 2006.

der *Lage Live*, zeichnen ihre Episoden vereinzelt an einem öffentlichen Veranstaltungsort live vor anwesendem Publikum auf. Damit weicht die für das Medium charakteristische Rezeptionssouveränität einem linearen, zeit- und ortsgebunden, dafür aber mit anderen geteilten Hörerlebnis. Diese Entwicklung kann als Ausgangspunkt und Gegenstand für eine andere Arbeit dienen.

Literaturverzeichnis

Alegi, Peter (2012): Podcasting the Past: Africa Past and Present and (South) African History in the Digital Age. In: South African Historical Journal, 64(2), S. 206-220.

Arnheim, Rudolf (1979): Rundfunk als Hörkunst. München: Hanser.

Beck, Klaus (2010): Soziologie der Online-Kommunikation In: Wolfgang Schweiger; Klaus Beck (Hg.): Handbuch Online-Kommunikation. Wiesbaden: Springer, S. 15-35.

Beck, Klaus (2013): Zweiwegekommunikation. In: Günter Bentele; Hans-Bernd Brosius; Otfried Jarren (Hg.): Lexikon der Kommunikations- und Medienwissenschaft, 2., überarbeitete und erweiterte Auflage. Wiesbaden: Springer, S. 390.

Berry, Richard (2006): Will the iPod Kill the Radio Star? Profiling Podcasting as Radio. In: Convergence: The International Journal of Research into New Media Technologies, 12(2), S. 143-162.

Berry, Richard (2015): A Golden Age of Podcasting? Evaluating Serial in the Context of Podcast Histories. In: Journal of Radio & Audio Media, 22(2), S. 170-178.

Berry, Richard (2016a): Part of the establishment: Reflecting on 10 years of podcasting as an audio medium. In: Convergence: The International Journal of Research into New Media Technologies, 22(6), S. 661-671.

Berry, Richard (2016b): Podcasting: Considering the evolution of the medium and its association with the word 'radio'. In: The Radio Journal: International Studies in Broadcast & Audio Media, 14(1), S. 7-22.

Bieber, Christoph (2006): Weblogs, Podcasts und die Architektur der Partizipation. In: Forschungsjournal Neue Soziale Bewegung, 19(2), S. 60-67.

Birch, Hayley; Weitkamp, Emma (2010): Podologues: conversations created by science podcasts. In: New Media & Society, 12(6), S. 889-909.

Bonini, Tiziano (2015): The 'Second Age' of Podcasting: reframing Podcasting as a New Digital Mass Medium. In: Quaderns del CAC, 41, S. 21-30.

Bottomley, Andrew J. (2015): Podcasting, Welcome to Night Vale, and the Revival of Radio Drama. In: Journal of Radio & Audio Media, 22(2), S. 179-189.

Brandstätter, Ursula (2008): Grundfragen der Ästhetik. Bild – Musik – Sprache – Körper. Köln [u.a.]: Böhlau.

Brecht, Bertold (1932): Rede über die Funktion des Rundfunks. In: Bertold Brecht (1976): Gesammelte Werke 18. Frankfurt am Main: Suhrkamp, S. 127-134.

Bunn, Michael (2009): Podcasting in der Unternehmenskommunikation. Effektive und effiziente Gestaltungs- und Einsatzmöglichkeiten. Wiesbaden: VDM.

Chadha, Monica; Avila, Alex; Gil de Zúñiga, Homero (2012): Listening In: Building a Profile of Podcast Users and Analyzing Their Political Participation. In: Journal of Information Technology & Politics, 9(4), S. 388-401.

Cho, Daniel; Cosimini, Michael; Espinoza, Juan (2017): Podcasting in medical education: a review of the literature. In: Korean Journal of Medical Education, 29(4), S. 229-239.

Crofts, Sheri [u.a.] (2005): Podcasting: A new technology in search of viable business models. First Monday, 10(9). Online unter: http://firstmonday.org/ojs/index.php/fm/article/view/1273/1193 (aufgerufen am 18.10.2018).

Diffrient, David S. (2010): The gift of Gilmore Girls' gab: Fan podcasts and the task of 'talking back' to TV. In: Ebd. (Hg.): Screwball Television: Critical Perspectives on Gilmore Girls. Syracuse: Syracuse University Press, S. 79-107.

Dobbins, Melissa Joy (2017): The Social Media Sweet Spot: Where Diabetes and Podcasting Intersect. In: AADE in Practice, 5(4), S. 20-24.

Domenichini, Bernard (2018): Podcastnutzung in Deutschland. Ergebnisse einer empirischen Studie. In: Media Perspektiven 2/2018, S. 46-49.

Donges, Patrick (2000): Technische Möglichkeiten und soziale Schranken elektronischer Öffentlichkeit: Positionen zur elektronischen Öffentlichkeit und ihr Bezug zur Öffentlichkeitsmodellen. In: Otfried Jarren; Kurt Imhof; Roger Blum (Hg.): Zerfall der Öffentlichkeit? Wiesbaden: Springer, S. 255-265.

Donges, Patrick; Jarren, Otfried (2017): Politische Kommunikation in der Mediengesellschaft. Eine Einführung. 4. Auflage. Wiesbaden: Springer.

Dorn-Fellermann, Esther; Thieme, Alexander (2007): Podcasting – das neue „Privatradio"? In: Mario Anastasiadis; Caja Thimm (Hg.): Social Media. Theorie und Praxis digitaler Sozialität. Frankfurt am Main [u.a.]: Peter Lang, S. 245-264.

Drüeke, Ricarda (2013): Politische Kommunikationsräume im Internet. Zum Verhältnis von Raum und Öffentlichkeit. Bielefeld: Transcript.

Fernandez, Vicenc; Simo, Pep; Sallan, Jose M. (2009). Podcasting: A new technological tool to facilitate good practice in higher education. In: Computers & Education, 53(2), S. 385-392.

Florini, Sarah (2015): The Podcast „Chitlin' Circuit": Black Podcasters, Alternative Media, and Audio Enclaves. In: Journal of Radio & Audio Media, 22(2), S. 209-219.

Fox, Neil; Llinares, Dario (2016). Knowing Sounds: Podcasting as Disruptive Academic Practice. Journal of Media Practice (Disruptive Media Special Edition). Online unter: http://journal.disruptivemedia.org.uk/ (aufgerufen 18.10.2018).

Gerhards, Jürgen; Neidhardt, Friedhelm (1990): Strukturen und Funktionen moderner Öffentlichkeit. Fragestellung und Ansätze. Berlin: Wissenschaftszentrum Berlin für Sozialforschung.

Göttert, Karl-Heinz (1998): Geschichte der Stimme. München: Fink.

Hagedorn, Brigitte (2016): Podcasting: Konzept, Produktion, Vermarktung. mitp.

Hancock, Danielle (2016). Welcome to *Welcome to Night Vale*: First steps in exploring the horror podcast. In: Horror Studies, 7(2), S. 219-234.

Heilesen, Simon (2010). What is the academic efficacy of podcasting? In: Computers & Education, 55(3), S. 1063-1068.

Hu, Jane C. (2016): Scientist ride the podcasting wave. In: Science, 11.08.2016. Online unter: https://www.sciencemag.org/careers/2016/11/scientists-ride-podcasting-wave (aufgerufen am 18.10.2018).

Huber; Frank; Matthes, Isabel; Stenneken, Nadine (2008): Unternehmens-Podcasting: Eine empirische Analyse ausgewählter Erfolgsfaktoren. Wiesbaden: Gabler.

Imhof, Kurt (2003): Öffentlichkeitstheorien. In: Günter Bentele, Hans-Bernd Brosius, Otfried Jarren (Hg.): Öffentliche Kommunikation. Handbuch Kommunikations- und Medienwissenschaft. Wiesbaden: Westdeutscher Verlag, S. 193-209.

Jarren, Otfried; Imhof, Kurt; Blum, Roger (2000) (Hg.): Zerfall der Öffentlichkeit? Wiesbaden: Springer.

Kerstetter, Kathleen (2009): Educational Applications of Podcasting in the Music Classroom. In: Music Educators Journal, 95(4), S. 23-26.

Kim, Kluckhohn (2009): Podcasts im Sprachunterricht. Am Beispiel Deutsch. Berlin [u.a.]: Langenscheidt.

Lonn, Steven; Teasley, Stephanie D. (2009): Podcasting in higher education: What are the implications for teaching and learning? In: Internet and Higher Education, 12(2), S. 88-92.

Lösers, Peter; Peters, Daniel (2007): Podcasting – Aus der Nische an die Öffentlichkeit. In: Vanessa Diemand, Michael Mangold, Peter Weibel (Hg.): Weblogs, Podcasting und Vi-deojournalismus. Neue Medien zwischen demokratischen und ökonomischen Potenzialen. Hannover: Heise, S. 139-154.

Lüders, Marika (2008): Conceptualizing personal media. In: New Media & Society, 10(5), S. 683-702.

MacDougall, Robert C. (2011): Podcasting and Political Life. American Behavioral Scientist, 55(6), S. 714-732.

Madsen, Virginia (2009): Voices-cast: a report on the new audiosphere of podcasting with specific insights for public broadcasting. In: ANZCA09 Communication, Creativity and Global Citizenship, S. 1191-1210.

Markman, Kris M. (2012): Doing Radio, making friends, and having fun: Exploring the motivations of independent audio podcasters. In: New Media & Society, 14(4), S. 547-565.

Markman, Kris M.; Sawyer, Caroline E. (2014): Why Pod? Further Explorations of the Motivations for Independent Podcasting. In: Journal of Radio & Audio Media, 21(1), S. 20-35.

McClung, Steven; Johnson, Kristine (2010): Examining the Motives of Podcast Users. In: Journal of Radio & Audio Media, 17, S. 82-95.

McGarr, Oliver (2009). A review of podcasting in higher education: Its influence on the traditional lecture. In: Australasian Journal of Educational Technology, 25(3), S. 309-321.

McLuhan, Marshall (1964): Understanding Media, New York.

Menduni, E. (2007): Four Steps in Innovative Radio Broadcasting: From Quick Time to Podcasting. In: Radio Journal: International Studies in Broadcast & Audio Media, 5(1), S. 9-18.

Meyer, Erik; Bieber, Christoph (2005): Kopfkribbeln. Heise online: Telepolis. Online unter: https://www.heise.de/tp/features/Kopfkribbeln-3402456.html (aufgerufen 18.10.2018).

Millette, Mélanie (2011): Independent Podcasting as a Specific Online Participative Subculture: A Case Study of Montreal's Podcasters. Paper presented at the IR 12.0: Performance and Participation, the annual conference of the Association of Internet Research (10.-13. October), Seattle, US. Online unter: https://www.academia.edu/996456/Independent_Podcasting_as_a_Specific_Online_Participative_Subculture_A_Case_Study_of_Montreal_s_Podcasters (aufgerufen am 18.10.2018).

Mocigemba, Dennis (2006): Warum sie selber senden: Eine Typologie von Sendemodi im Podcasting. In: kommunikation@gesellschaft, Jg. 7, Beitrag 3. Online-Publikation: http://www.soz.uni-frankfurt.de/K.G/B3_2006_Mocigemba.pdf

Mocigemba, Dennis (2007): Sechs Podcast-Sendetypen und ihre theoretische Verortung. In: Simone Kimpeler (u.a.) (Hg.): Die digitale Herausforderung: Zehn Jahre Forschung zur computervermittelten Kommunikation. Wiesbaden: Verlag für Sozialwissenschaften, S. 61-73.

Mocimgeba, Dennis; Riechmann, Gerals (2007). International Podcastersurvey: Podcasters – who they are. How and why they do it. Presentation (July 29, 2007). Online unter: http://files.feedplace.de/musikstunde/ipcs07.pdf (abgerufen am 18.10.2018).

Mocigemba, Dennis (2008): Personality Prototyping. Identitätsexperimente auf der Bühne Podcast. In: Ansgar Zerfaß; Martin Welker; Jan Schmidt (Hg.): Kommunikation, Partizipation und Wirkung im Social Web. 1. Grundlagen und Methoden: von der Gesellschaft zum Individuum. Köln: Herbert von Halem, S. 149-167.

Morris, Jeremy W.; Patterson, Eleanor (2015): Podcasting and its Apps: Software, Sound, and the Interfaces of Digital Audio. In: Journal of Radio & Audio Media, 22(2), S. 220-230.

Naidionova, Alla. V.; Ponomarenko Oksana G. (2018). Use of podcasting technology to develop students' listening skills. In: Information Technologies and Learning Tools, 63(1), S. 177-185.

Niemann, Philipp (2007): Podcasting: Eine Revolution? Marburg: Tectum.

Oehmichen, Ekkehardt; Schröter, Christian (2009): Podcast und Radio: Wege zu einer neuen Audiokultur? Befunde zur Akzeptanz und Nutzung von Audio-on-Demand und Podcast 2008. In: Media Perspektiven 1/2009, S. 9-19.

Picardi, Ilenia; Regina, Simona (2008): Science via podcast. In: Journal of Science Communication, 7(2), S. 1-4.

Pinto, Vito (2012): Stimmen auf der Spur. Zur technischen Realisierung der Stimme im Theater, Hörspiel und Film. Bielefeld: Transcript.

Pleil, Thomas (2007): Podcasting – Offener Kanal reloaded oder nur ein neuer Vertriebskanal? In: Vanessa Diemand, Michael Mangold, Peter Weibel (Hrsg.): Weblogs, Podcasting und Videojournalismus. Neue Medien zwischen demokratischen und ökonomischen Potenzialen. Hannover: Heise, S. 173-190.

Rampf, Barbara (2008): Podcastnutzer. Gemeinsamkeiten und Unterschiede. Darstellung des deutschen Podcastangebotes und eine Typologisierung seiner Nutzer. München: Fischer.

Rokk, Krisz (2016): Die Podcasting-Goldgrube: Der umfassende Ratgeber für Podcast-Einsteiger. CreateSpace Independent Publishing Platform.

Rubens, Annik (2006): Podcasting. Das Buch zum Audiobloggen. Beijing [u.a.]: O'Reilly.

Salvati, Andrew J. (2015): Podcasting the Past: Hardcore History, Fandom, and DIY Histories. In: Journal of Radio & Audio Media 22(2), S. 231-239.

Sauer, Moritz (2007): Weblogs, Podcasting & Online-Journalismus. Beijing [u.a.]: O'Reilly.

Schmidt, Jan (2006): Weblogs. Eine kommunikationssoziologische Studie. Konstanz: UVK.

Schmidt, Jan (2008). Podcasting as a Learning Tool: German Language and Culture Every Day. In: Die Unterrichtspraxis/Teaching German, 41(2), S. 186-194.

Schmidt, Jan (2009): Das Neue Netz. Merkmale, Praktiken und Folgen des Web 2.0. Konstanz: UVK.

Schmidt, Siegfried J. (2000): Kalte Faszination: Medien, Kultur, Wissenschaft in der Mediengesell-schaft. Weilerswist: Velbrück Wiss.

Schmidt, Siegfried J.; Zurstiege, Guido (2007): Kommunikationswissenschaft. Systematik und Ziele. Hamburg: Rowohlt.

Schröter, Christian (2017): Audiowelten im Wachstum: Zur Radio-, Audio- und Streamingnutzung im Internet. Ergebnisse der ARD/ZDF-Onlinestudie 2017. In: Media Perspektiven 9/2017. S. 463-471.

Sendlmeier, Walter (2012): Die psychologische Wirkung von Stimme und Sprechweise. Geschlecht, Alter, Persönlichkeit, Emotion und audiovisuelle Interaktion. In: Oksana Bulgakowa (Hg.): Resonanz-Räume: Die Stimme und die Medien. Berlin: Bertz Fischer, S. 99-116.

Sterne, Jonathan; Morris, Jeremy; Baker, Michael B.; Freire, Ariana M. (2008): The politics of podcasting". Fibreculture Journal, 13. Online unter: http://thirteen.fibreculturejournal.org/fcj-087-the-politics-of-podcasting (aufgerufen am 18.10.2018).

Swan, Kathleen O.; Hofer, Mark (2009): Trend Alert: A History Teacher's Guide to Using Podcasts in the Classroom. In: Social Education, 73 (2), S. 95-102.

Swanson, Douglas J. (2010): Preaching, prosperity, and product sales: A profile of on-demand digital audio offerings of Christian renewalist ministries. In: International Journal of Listening 24(2), S. 106-124.

Turner-McGrievy, Gabrielle; Kalyanaraman, Sri; Campbell, Marci K. (2013): Delivering Health Information via Podcast or Web: Media Effects on Psychosocial and Physiological Responses. In: Health Communication, 28, S. 101-109.

van Aaken, Gerrit (2005): Ich bin der Sender! Über Podcasting und eine mögliche Medienrevolution. Mainz. Diplomarbeit.

Wunschel, Alexander (2007): Podcasting – Bestandsaufnahme aktueller Ansätze von Business-Modellen. In: Vanessa Diemand, Michael Mangold, Peter Weibel (Hrsg.): Weblogs, Podcasting und Videojournalismus. Neue Medien zwischen demokratischen und ökonomischen Potenzialen. Hannover: Heise, S. 155-172.

Online-Quellen (letzter Abruf 20.10.2018)

Baier, Tobias (o.D.): Über. Aus dem Hintergrund. Online unter: http://hintergrund.mik.fm/ueber/

Banse, Philip; Buermeyer, Ulf (o.D.): Lagebilder – Idee. Küchenstudio. Online unter: https://www.kuechenstud.io/lagebilder/idee/

Becker, Alexander (2016): Nach Spotifys Schulz/Böhmermann-Deal: Kommt jetzt der große Podcast-Durchbruch? Meedia, 26.04.2016. Online unter: http://meedia.de/2016/04/26/nach-spotifys-schulzboehmermann-deal-kommt-jetzt-der-grosse-podcast-durchbruch/

Bitkom (2016): Jeder siebte Deutsche hört Podcasts, 17.08.2016. Online unter: https://www.bitkom.org/Presse/Presseinformation/Jeder-siebte-Deutsche-hoert-Podcasts.html

Bowbrick, Steve (2018): Podcasting –welcome to the symphonic era. Medium, 04.01.2018. Online unter: https://medium.com/@bowbrick/podcasting-welcome-to-the-symphonic-era-bf7a91cf2bae

Büüsker, Ann-Kathrin (2017): Näher dran an Themen und Menschen. Deutschlandfunk, 25.09.2017. Online unter: https://www.deutschlandfunk.de/neuer-podcast-der-tag-naeher-dran-an-themen-und-menschen.3415.de.html?dram:article_id=396684

Das Sendezentrum (2017): Tim Pritlove: Die dritte Welle #subscribe9. YouTube, 27.10.2017. Online unter: https://www.youtube.com/watch?v=bYwDm1KnJSs

Das Sendezentrum (2017): Philip Banse: Lage der Nation – Erfahrungen mit bezahltem Inhalt. YouTube, 28.10.2017.

Doyle, Bob (2005): The First Podcast. EContent, 07.09.2005. Online unter: http://www.econtentmag.com/Articles/Column/I-Column-Like-I-CM/The-First-Podcast-13515.htm

Fuller, Jaime (2018): The Weird World of Trump-Themed Podcasts. And you thought cable news was saturated. Politico, 07.01.2018. https://www.politico.com/magazine/story/2018/01/07/donald-trump-podcasts-media-fuller-216122

Günther, Jenny (2017): Ich bin aus der AfD ausgetreten – was hinter den Kulissen passiert, darf nicht länger geheim bleiben. Huffington Post, 05.07.2017. Online unter: https://www.huffingtonpost.de/jenny-guenther/ich-bin-afdaussteigerin_b_17390982.html

Hammersley, Ben (2004): Audible revolution. The Guardian, 12.02.2004. Online unter: https://www.theguardian.com/media/2004/feb/12/broadcasting.digitalmedia

Heise, Nele (2015): Serial & Co – was das Radio vom Podcast-Hype lernen kann. YouTube, 01.12.2015. Online unter: https://www.youtube.com/watch?v=KnzLzdaN_to&feature=youtu.be&list=PLcwUN-mIu8624ABXUJCikRiwHUpXcGzNwZ

Jardin, Xeni (2005): Audience With the Podfather. Wired, 14.05.2005. Online unter: https://www.wired.com/2005/05/audience-with-the-podfather/

Küchenstud.io (2017): LdN: Workshop Vocer Innovation Day 2017. YouTube, 08.12.2017. Online unter: https://www.youtube.com/watch?v=QIAMWzuI4ns

Laaff, Meike (2017): Polit-Podcasts zur Bundestagswahl. In: Breitband: Müde vom Ich? Deutschlandfunk Kultur, 17.06.2017. Online unter: http://www.deutschlandfunkkultur.de/sendungsuberblick-mude-vom-ich.1264.de.html?dram:article_id=405912

Lauer, Christoph (2018): Das vorläufige Ende meiner politischen Karriere. Christopher Lauer (Blogeintrag), 02.02.2018 Online unter: http://www.christopher-lauer.de/2018/02/02/ende

Meyer, Michael (2017): Podcasts im Wahljahr. Politik zum Hören. Deutschlandfunk, 29.03.2017. Online unter: http://www.deutschlandfunk.de/podcasts-im-wahljahr-politik-zum-hoeren.2907.de.html?dram:article_id=382429

o.V. (2017): Pressemitteilung: Deutschlandfunk startet neuen Podcast „Der Tag". Deutschlandradio, 26.09.2017. Online unter: https://www.deutschlandradio.de/deutschlandfunk-startet-neuen-podcast-der-tag.2174.de.html?dram:article_id=396766

o.V. (o.D.): Podcast Insights. AS&S Radio. Online unter: https://www.ard-werbung.de/radio/sonderseiten/podcastinsights/

o.V. (o.D.): Politricks. Mit Pierre Baigorry (Peter Fox). Radio eins, RBB. Online unter: https://www.radioeins.de/archiv/podcast/politricks.html

Schroeder, Sandro (2016): Hören/Sagen (VI): News + Hör-Tipps aus der Audio-Welt + Interview mit Toby Baier vom ‚Einschlafen Podcast'. Basic thinking, 26.08.2016. Online unter: https://www.basicthinking.de/blog/2016/08/26/hoerensagen-einschlafen-podcast/#news1

Schroeder, Sandro (2017): Hören/Sagen 5: Zwischen ‚Peak Podcast' & ‚Spot on Podcast'. Newsletter über Audio & Podcasts, 01.10.2017. Online unter: https://us16.campaign-archive.com/?u=141467627fcf6b79f6636f0a1&id=929c37d63c

Steiner, Falk (2017): Der Politik-Podcast aus dem Hauptstadtstudio. Deutschlandfunk, 19.10.2017. Online unter: http://blogs.deutschlandfunk.de/berlinbruessel/2017/10/19/der-politik-podcast/

Winer, Dave (2017): The earliest Lydon podcasts. Scripting, 07.03.2017. Online unter: http://scripting.com/2017/03/07/theEarliestLydonPodcasts.html

Podcast-Episoden (letzter Abruf 27.10.2018)

Banse, Philip; Buermeyer, Ulf: LdN001 Die Lage der Nation. Lage der Nation, 13.03.2016. Online unter: https://www.kuechenstud.io/lagedernation/2016/03/13/ldn001-die-lage-der-nation/ [1:00:34].

—: LdN006 Böhmermann. Lage der Nation, 16.04.2016. Online unter: https://www.kuechenstud.io/lagedernation/?s=LdN006 [1:12:17].

—: LdN009 Lage der Republica & TTIP. Lage der Nation, 06.05.2016. Online unter: https://www.kuechenstud.io/lagedernation/2016/05/06/ldn009-lage-der-republica-ttip/ [00:55:20].

—: LdN010 Störerhaftung, CETA & Energiegipfel. Lage der Nation, 13.05.2016. Online unter: https://www.kuechenstud.io/lagedernation/2016/05/13/ldn010-stoererhaftung-ceta-energiegipfel/ [1:25:08].

—: LdN029 Trump triumphiert, Klimagipfel tagt, Gesellschaft für Freiheitsrechte klagt. Lage der Nation, 12.11.2016. Online unter: https://www.kuechenstud.io/lagedernation/2016/11/12/ldn029-trump-triumphiert-klimagipfel-tagt-gesellschaft-fuer-freiheitsrechte-klagt/ [1:55:35].

—: LdN037 „Starker Staat", VS abschaffen, Videoüberwachung, Racial Profiling. Lage der Nation, 07.01.2017. Online unter: https://www.kuechenstud.io/lagedernation/2017/01/07/ldn037-starker-staat-vs-abschaffen-videoueberwachung-racial-profiling/ [1:44:52].

—: LdN038 Trump vs. CNN, GFF vs. Datenhehlerei, Mitmach-Demokratie, Big Data im Wahlkampf. Lage der Nation, 16.01.2017. Online unter: https://www.kuechenstud.io/lagedernation/2017/01/16/ldn038-trump-vs-cnn-gff-vs-datenhehlerei-mitmach-demokratie-big-data-im-wahlkampf/ [1:34:24].

—: LdN043 gerupfter Böhmermann, angekratzter Schulz, missbrauchte Rekruten, ferngesteuerte Moscheen. Lage der Nation, 18.02.2017. Online unter:

https://www.kuechenstud.io/lagedernation/2017/02/18/ldn043-gerupfter-boehmermann-angekratzter-schulz-missbrauchte-rekruten-ferngesteuerte-moscheen/ [1:45:33].

—: LdN044 Lagebilder, BAMF-Statistiken, BND-Attacken, Erdogan-Auftritt, Wutbürger-Dialog. Lage der Nation, 25.02.2017. Online unter: https://www.kuechenstud.io/lagedernation/2017/02/25/ldn044-lagebilder-bamf-statistiken-bnd-attacken-erdogan-auftritt-wutbuerger-dialog/ [1:40:07].

—: LdN060 Kohl gestorben, Lagezentrum, Trump im Visier, Attentat in USA, Air-Berlin, U-Bahn-Treter. Lage der Nation, 17.06.2017. Online unter: https://www.kuechenstud.io/lagedernation/2017/06/17/ldn060-kohl-gestorben-lagezentrum-trump-im-visier-attentat-in-usa-airberlin-u-bahn-treter/ [1:08:48].

—: LdN064 G20-Gipfel in Hamburg, Sponsoring. Lage der Nation, 13.07.2017. Online unter: https://www.kuechenstud.io/lagedernation/2017/07/13/ldn064-g20-gipfel-in-hamburg-sponsoring/ [1:21:11].

—: LdN067 Lage Live: Bundestagswahl, Vertreibung der Rohingya. Lage der Nation, 27.09.2017. Online unter: https://www.kuechenstud.io/lagedernation/2017/09/27/ldn067-lage-live-bundestagswahl-vertreibung-der-rohingya/ [1:21:43].

—: LdN071 Wahl Niedersachsen, Iran-Deal, WPA2-KRACK, Wahl Österreich, Somalia. Lage der Nation, 21.10.2017. Online unter: https://www.kuechenstud.io/lagedernation/2017/10/21/ldn071-wahl-niedersachsen-iran-deal-wpa2-krack-wahl-oesterreich-somalia/ [1:07:47].

Büüsker, Ann-Kathrin; May, Philipp: Wir müssen reden! Deutschlandfunk – der Tag, 03.09.2018. Online unter: https://www.deutschlandfunk.de/der-tag-wir-muessen-reden.3415.de.html?dram:article_id=427153 [00:31:25].

Conradi, Christian; Efert, Hendrik; Semak, Nicolas: Wer, wie, was Podcast? Frequenz (Viertausendhertz), 05.08.2017. Online unter: https://viertausendhertz.de/frq18/ [00:56:59].

Hielscher, Matze: #23 Justizminister Heiko Maas – Wie verteidigst du deine Werte? Hotel Matze (Mit Vergnügen), 16.08.1017. Online unter: https://mitvergnuegen.com/2017/hotel-matze-bundesjustizminister-heiko-maas-im-podcast-interview [01:13:07].

Möller, Christian: Gregor Gysi. Durch die Gegend (Viertausendhertz), 11.07.2018. Online unter: https://viertausendhertz.de/ddg30/ [01:08:55].

Semak, Nicolas: Europapolitik – Julia Reda. Elementarfragen (Viertausendhertz), 19.06.2017. Online unter: https://viertausendhertz.de/ef10/ [01:29:32].

Schroeder, Sandro: Ein Jahr „Der Tag“. Wie eine Podcast-Episode entsteht. Deutschlandfunk – Der Tag, 25.09.2018. Online unter: https://www.deutschlandfunk.de/ein-jahr-der-tag-wie-eine-podcast-episode-entsteht.3415.de.html?dram:article_id=428718 [00:10:40].

Zeitfracht Medien GmbH
Ferdinand-Jühlke-Straße 7
99095 Erfurt, Deutschland
produktsicherheit@kolibri360.de